税理士の中先生！
フツーの会社員が
手取りを増やす方法を
教えてください！

税理士
中 正樹

彩図社

先生！　物価は高くなってるのに、給料がぜんぜん増えません！

いやあ、シビアな時代になってきましたね。

今すでにけっこう苦しいのに、今後もっと苦しくなりそうじゃないですか。残業とか副業も考えるけど、そんなに簡単じゃないし。……でも、お金はたくさん欲しいんです。なにか、**ラクしてお金が増える方法**はありませんか？

ストレートですね。でもその「ラクしてお金を増やしたい」というのは、すべての人の希望かもしれないですね。

そうですよ。でも現実は、給料より物価が上がる方が早いから、ラクにならないんです。これ、どうにかなりませんか？　先生、助けてください！

そんなふうに言われたら放っておけませんね。**実はあるんです**、ラクにお金が増える方法が。より正確に言えば、**ラクをして給料の「手取り」の額を上げる方法**です。

「手取り」って、僕の口座に入ってくる給料のことですか？

そう、実際に自分が使えるお金の額です。会社からもらう「給料」からは、税金や社会保険料が毎月天引きされています。そのため、口座に振り込まれる額は、「給料」よりもかなり少なくなっています。

うう、ほんとシビアですね。「実際に自分が使えるお金」かあ、増えたらうれしいなあ。

増やせます。たしかにお給料はなかなか増えない時代ですが、「**手取り額**」**をラクに増やす方法は、たくさんあります！**

ラクに？　たくさん？　……本当ですか？　さすがにちょっと話がうますぎるような気が……

まあ、そう思われるのもごもっともです。でも「使えるお金をかんたんに増やせる」のは本当です。じっさい、「**手取り額を増やす＝節税**」方法は、知っている人は知っているし、やっている人はとっくにやっています。

えっ、そうなんですか。なんかあせるな。

でも、知らない人は利用できない。便利な制度があることを教えてくれる人は意外にいなかったりします。だから自分で調べる必要があるのですが、それもけっこう難しい。

行政の書類って、正直、目にするだけで拒絶反応が……

そうですよね。細かい字をたくさん読んで、自分で調べるのは大変です。時間もかかるので、毎日頑張って働いている方には難しいでしょう。ですので、私がこの本で、イラストや図を駆使して、できるだけ分かりやすくご説明しようと思うのです。

そうなんですね。だったら、ぜひ聞きたいです。

はい。私は、以前から、本当にもったいないなあと思っているんです。制度を知らないことで損をしてしまったり、それ以前に、損をしていること自体に気づいていなかったり……そういう人はたくさんいらっしゃいます。そういう人を、少しでも減らしたいんです。

ありがとうございます！　でも、あの、あんまり難しいと、理解できないかも……

大丈夫、全部を理解する必要はありません。自分が利用できそうな範囲だけ分かれば、それで十分です。

よろしいですか、何度も言いますが、会社からのお給料はそのままでも、節税によって手取り額を増やすことは誰でもできます。

「給料が増えなくても、手取りは増やせる！」

これを実践できるよう、いろんな制度を見ていきましょう。

はい！　よろしくお願いします！

この本の
おもな登場人物

［中《なか》先生］

キャリア30年の税理士。社労士・FPでもある。節税の知識を広く知ってもらうことに使命を感じている。

［星くん］

年収約550万円の42歳会社員。家族は妻と2人の子（12・17歳）。物価上昇に危機感を覚え、節税を思い立つ。

もくじ

序章　あなたは毎月どのくらい税金を払っていますか？

1章　どうすれば手取りが増える？

2章　人に関する「人的控除」

3章 支出に関する「物的控除」

4章 大きな出来事があったときに利用できる控除

5章　資産運用や副業でできる節税

6章 税金を安くするための手続き・確定申告

本書は2023年10月1日時点の制度や情報をもとに制作しています。制度は適宜変更されるので、実際の申請にあたっては最新情報を参照してください。

序章

あなたは毎月どのくらい税金を払っていますか？

1 会社員は自分が払っている税金のことをあまり気にしていない？

突然ですが、自分が毎月払っている税金の額はご存じですか？

ええ、はい、まあ、大体は、なんとなく……。

ふわっとしてますね。お金は増やしたいけど、税金については、あんまり関心ないですか？

ないわけじゃないんですが、あんまり知りたくない気持ちもあって……。「毎月こんなに取られてる！」ってはっきり分かったら、やる気なくなっちゃいそうじゃないですか。

まあ、お気持ちは分からなくもありません。たしかに、日本では「**源泉徴収制度**」によって、会社員は税金についてあまり考えなくてもよくなっていますから。ただ、それをそのままにして、**何もしないでいるのは、ちょっともったいない**んですよね。それはなぜなのか、これから見ていこうと思います。とりあえず、税金の額を確認してみましょう。

世の中で働く人々のタイプは大きく分けて2つ

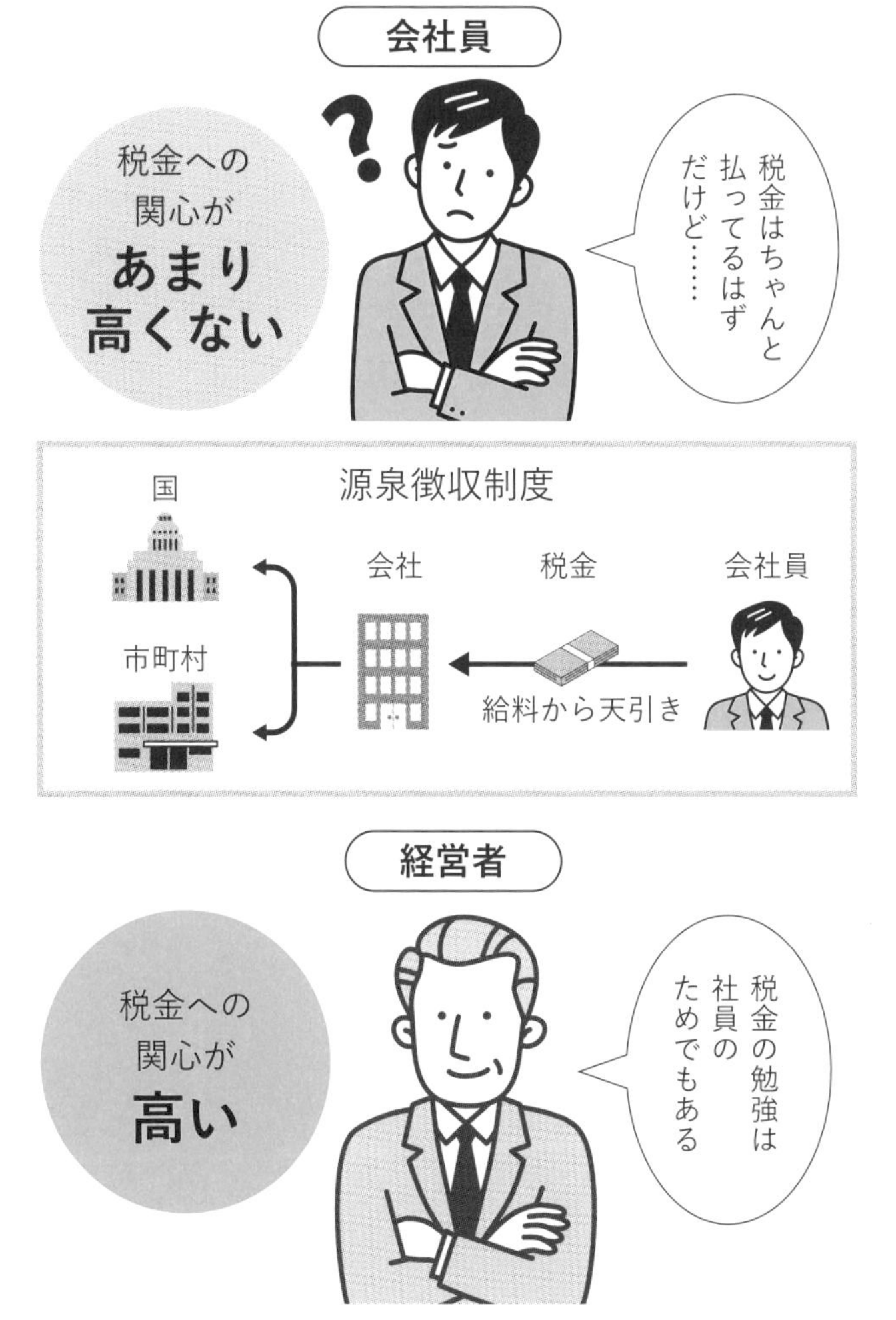

2 給料明細のここを見れば支払っている税金の額が分かる

あの、じつは正直に言うと、そもそも何をどうすれば自分の払ってる税金の額が分かるのか、分かってません。

大丈夫です。税金の額を知るのは、けっこう簡単なんです。毎月のお給料日に、会社からもらっている紙やデータ、ありますよね。「**給料明細書**」といいます。

あー、ありますね。

それの、左の図のような項目を見ればいいんです。⑧**所得税**と⑨**住民税**が税金、あと⑦の社会保険料というのは、健康保険とか年金、雇用保険関連のものです。この3つが、毎月の給与から天引きされているわけです。

うわー……毎月こんなに取られてるんですね。ちょっと元気なくなっちゃうな……。

税額は毎月もらっている明細書に書かれている

給料明細書

支給		
①	基本給	400,000
②	役職手当	30,000
③	家族手当	20,000
④	通勤手当	3,000
⑤	時間外手当	5,000
⑥	支給計（①〜⑤）	458,000

控除		
⑦	社会保険料	68,000
⑧	所得税	8,000
⑨	住民税	17,000
⑩	控除計（⑦〜⑨）	93,000

差引支給額（⑥−⑩）	365,000

3 攻略対象は所得税と住民税

先生！　税金を払わなくていい裏の方法とか、ありませんか？　こっそりできてバレない、うまい脱税の方法とか。

脱税はやめましょう。バレたときのデメリットが大きすぎます。心情としては分かりますが、私たちの住む日本という国を回していくためには、ある程度のお金はやはり必要なのです。厳しいですが、割り切るしかないですね。

そうかー……あれ、でも所得税って、前ページの給料明細書を見ると、意外と高額じゃないですね。それより「社会保険料」っていうのがえぐい。あと、住民税も意外に高い。

社会保険料については、会社員個人ができることはあまりないので、残念ですがひとまずあきらめましょう。でも、**所得税や住民税を安くする方法はたくさんあります**。地味だけど重要性はかなり高いですし、節税効果も高いですよ。

所得税と住民税は工夫しだいで安くできる

最大の攻略対象

所得税

税金界の伏兵

住民税

工夫しだいで安くできる

所得税		住民税
約21兆円	年間税収額	約13兆円
約5,500万人	納税者数	約6,400万人

（2021年）

社会保険料

総支給額のおおよそ15%

ひとまずあきらめよう

※厳密に言えば、2013 年以降は「復興特別所得税」も給料から差し引かれています。ただこれは所得税に対して 2.1%と重要性が低いので、一般の給料明細書では「所得税」に含まれて表示されます。

4 会社員が手取りを増やす方法は2つ

手取りを増やすための方法は、基本的に「**給与の支給額を増やす**」「**給与の控除額を減らす**」の2つです。

つまり、給料明細書のⒶを増やすか、またはⒷを減らすかすれば、手取りが増えるということですね。

その通りです。Ⓐを増やす方法としては、残業や転職などが考えられますが、それはまた別の話ですし、ちょっとテーマが大きすぎます。ですので、**この本ではⒷの控除額を減らす方法を見ていきましょう**。一度節税法を理解できれば、今年だけでなく、この先**一生使えるノウハウ**が手に入りますよ。

はい！　やる気になってきました。手取りが増えたら家族も喜ぶでしょうから、頑張ってみます！

「支給額を増やす」か「控除額を減らす」か

支給	
① 基本給	400,000
② 役職手当	30,000
③ 家族手当	20,000
④ 通勤手当	3,000
⑤ 時間外手当	5,000
⑥ 支給計（①～⑤）	458,000

Ⓐ増やす

控除	
⑦ 社会保険料	68,000
⑧ 所得税	8,000
⑨ 住民税	17,000
⑩ 控除計（⑦～⑨）	93,000

Ⓑ減らす

差引支給額（⑥－⑩）	365,000

つまり…

Ⓐ 支給される額を増やす

残業・副業・転職等

or

Ⓑ 控除される税金等を減らす

所得税・住民税の額を減らす

→

［似ている用語・どう違う？］

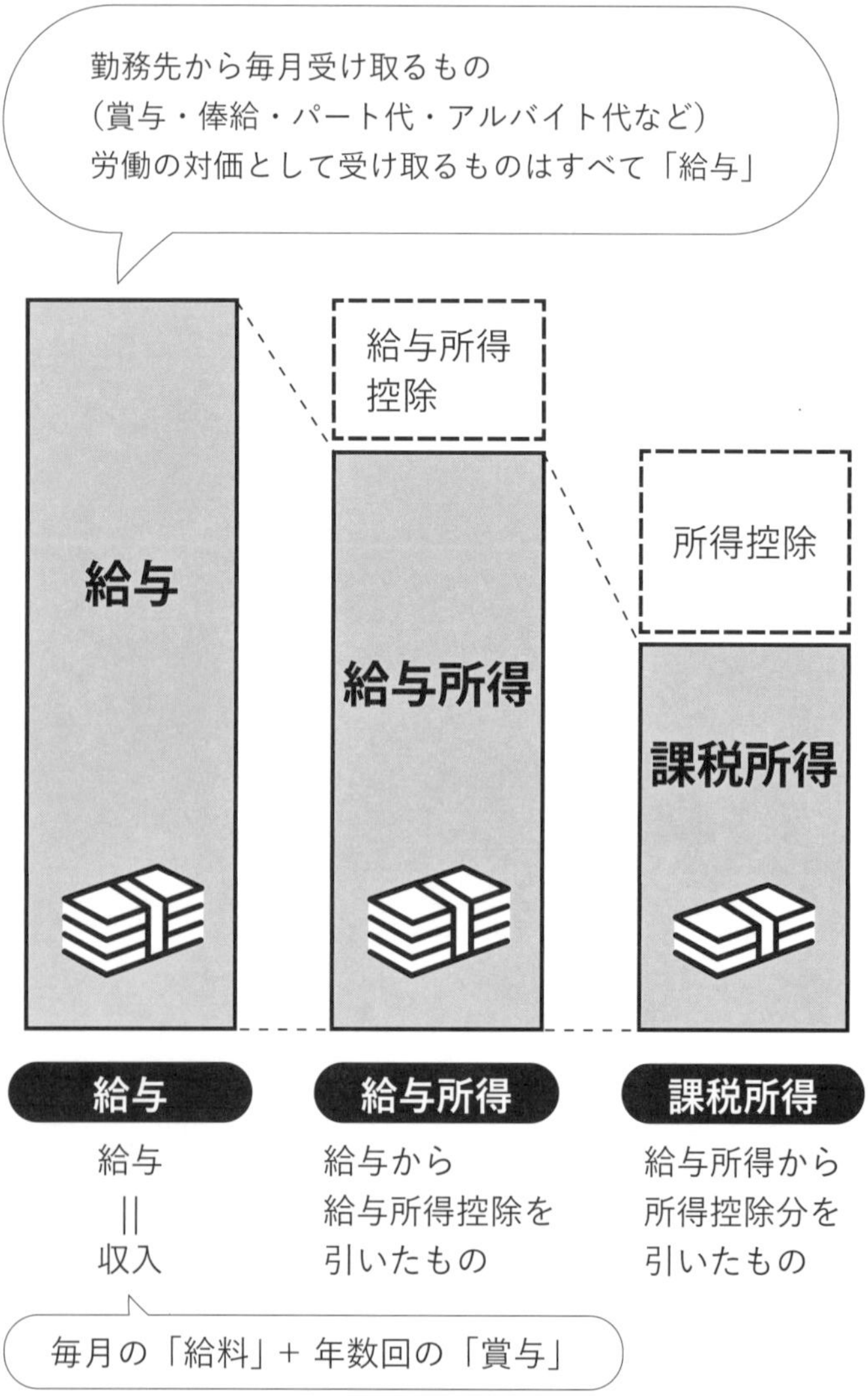
勤務先から毎月受け取るもの
（賞与・俸給・パート代・アルバイト代など）
労働の対価として受け取るものはすべて「給与」
給与
給与所得控除
給与所得
所得控除
課税所得
給与
給与所得
課税所得
給与
||
収入
給与から
給与所得控除を
引いたもの
給与所得から
所得控除分を
引いたもの
毎月の「給料」＋年数回の「賞与」

1章

どうすれば手取りが増える？

1 節税のための武器は「所得控除」

「節税」といっても、何をどのようにすればいいのか、初心者の方は、すぐに分からないと思います。ですので、まず節税のために使う武器を確認したいと思います。私たちが使うのは、「**所得控除**」という武器です。

所得控除。「控除」という言葉はさっき出てきましたね。

はい。所得控除がどこに効くかというと、さきほどの給料明細書の⑧と⑨です。

さっき「ここを減らせば手取りが増える」って言われてたところですね！

その通りです。所得控除によって⑧の所得税と⑨の住民税、つまり**税金の額が減ると、その分ストレートに手取りの額が増える**のです。

僕の場合だと、ひと月2・5万円、1年で30万円！　大きいですね！

「所得控除」を増やすことが節税になる

	節税前	節税前
⑦　社会保険料	68,000	68,000
⑧　所得税	8,000	→ 0
⑨　住民税	17,000	→ 0
⑩　控除計（⑦～⑨）	93,000	→ 68,000

節税できる金額の最大値は　**⑧と⑨の合計（2.5万円）**

もしこれを０円にできれば…

↓

毎月 2.5 万円 ×12 カ月＋ボーナス分＝約 30 万円

年間約30万円
手取額が増える

2 諸手当にも課税されている

ちなみに、会社から毎月受け取っている給料には、いろんな「手当」が含まれていることはご存じですか？

それは知ってます。残業手当とか資格手当、家族手当、他にもあったような……まとめるとけっこうな額になるんですよね。助かってます。

じつはそれらの手当も、残念ながら**課税対象**になっています。

えっ、給料の一部だからってことですか？　なんだか損してる気分だな。

お気持ちは分かります。税金の対象から除外できる手当は一種類だけ。「通勤手当」です。通勤手当のうちある程度の金額までは、課税対象から除外して構いません。

とはいえ、他の手当は課税されるんですよね。やっぱり節税した方がいいですね。

課税される手当と課税されない手当がある

課税される

給料 ＋ 諸手当

時間外手当

いわゆる残業手当。法定労働時間を超えて労働した際に支給される（賃金の 1.25 倍以上）

休日手当

法定休日に働いた人が対象（賃金の1.35 倍以上）

資格手当

会社が必要とする資格を持つ人が対象

役職手当

主任・課長など役職につく人が対象

住宅手当

家賃や住宅ローンの補助として支給される

家族手当

扶養家族がいる人が対象

皆勤手当

出勤すべき日すべてに出勤した人が対象

所得税・住民税が課税されない手当

通勤手当

通勤にかかる電車代やガソリン代等
最高月額 15 万円（年額 180 万円）まで

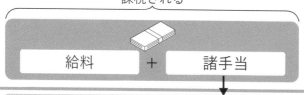

3 所得税が減ると住民税も自動的に減る

所得税の計算は少し手間がかかりますが、住民税の計算は超かんたんで、課税所得の10%。これだけです。ですから、**所得税が減ると、住民税も減る**ということになります。

ダブルで税金が減るってことですね！　それはうれしいです。

その通りです。ひとつの作業で自動的にダブルの節税になるので、とてもお得です。ちなみに、先ほど「あきらめましょう」と言った社会保険料は、おおむね「給与×15%」で計算できます。

15%か……これは個人ではどうしようもないんですよね。そのかわり効率が良さそうなところで節約しよう。

そういうことです。自分では変えようのない部分は置いておいて、その分、**頑張れば減らせる所得税に力を注ぎましょう**。選択と集中というやつです。

住民税や社会保険料は自分で計算しなくてもいい

所得税

課税所得によって所得税率は変わる

5〜45%

星くんの場合
課税所得×5〜10%

住民税

（自分で計算する必要はない）

住民税額 ＝ 課税所得 × 10%

①区市町村民税　6%
②道府県民税・都民税　4%

※「均等割」の部分については、大勢に影響はないので、本書では計算に入れていません。

社会保険料

（自分で計算する必要はない）

社会保険料＝給与 ×15%

4 課税されるのは「課税所得」

ここで念のため、よくある勘違いについてご説明しますね。個別相談を受けていると、税金は「給与収入」「給与所得」にかかると思っている方がけっこういらっしゃいます。

僕もよく分かってませんでした。でも今はもう分かります。**税金がかかるのは「課税所得」**です！　だから、控除を増やして「課税所得」を減らすんですよね。

その通りです。税金が課される対象は「課税所得」です。「給与収入」「給与所得」ではありません。ただそのために、ときには給与収入の多い人よりも少ない人の税金が高くなるという逆転現象が生じて、いらぬ不公平感を生じさせてしまうこともあるんですが。

なぜかお金持ちの方が税金を払ってなかったりしますよね。不正ってわけじゃないんでしょうけど……でも、お金持ちより僕の方がたくさん税金を払うのはちょっと納得いかないので、できる節税はやりたいです。

給与収入から色々引いて「納税額」を減らそう

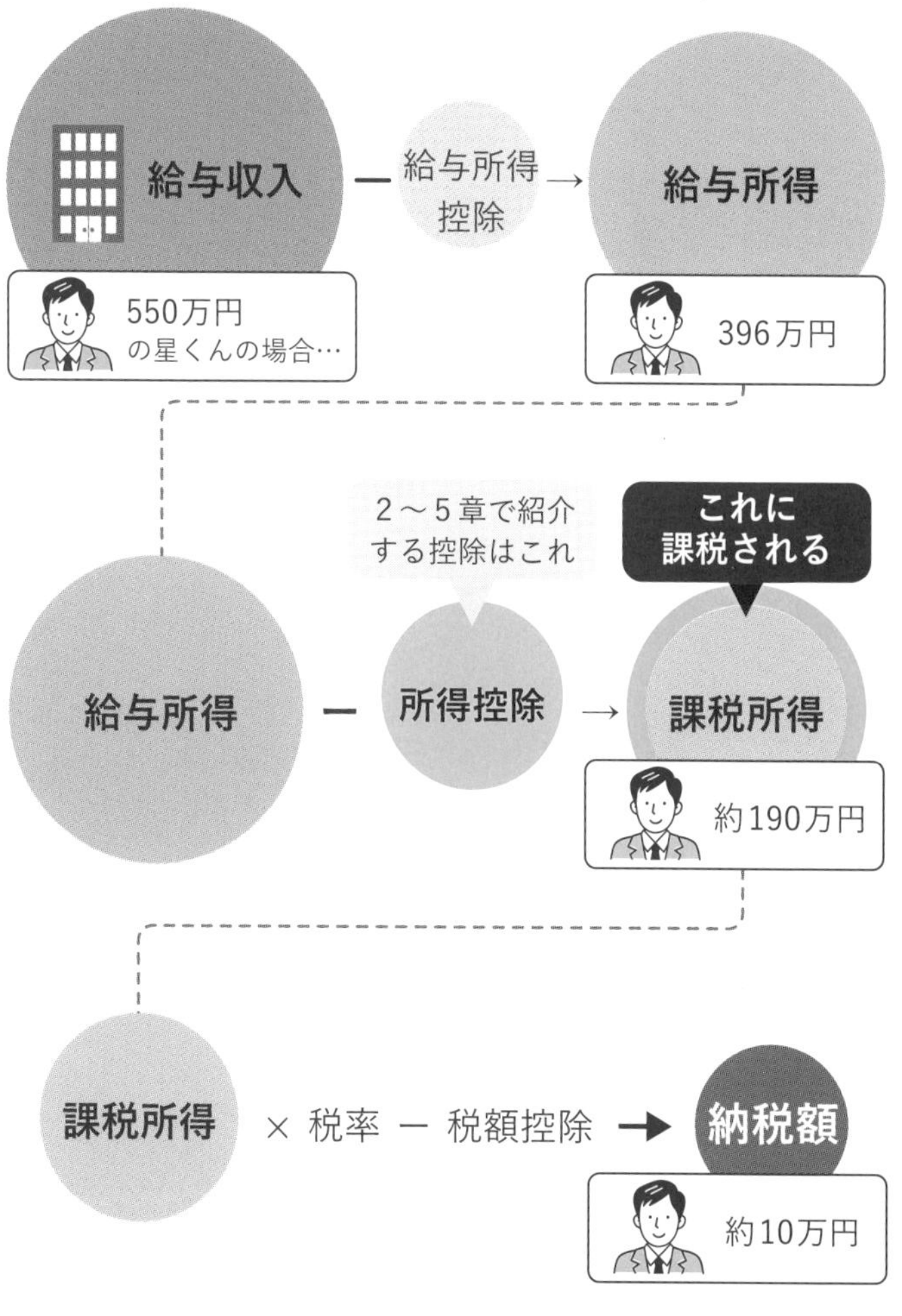

5 税率のことは考えなくてもいい

でも待ってください！　課税所得がアップしたら、税率も高くなるんじゃないですか？　税率が高くなったら、税金も一気に高くなりますよね？　それは困ります！

所得税の税率の話ですね。たしかに所得税は、所得金額ごとに階段式に税率が変わる累進課税方式になっています。左の表のような感じです。

課税所得が195万円を超えたら、税率は5％から10％になるから、2倍じゃないですか！

安心してください。税率が高くなるのは、境界を超えた分だけなので、いきなり税金が2倍になるということはないんですよ。計算方法は、左下のような感じです。

ああ……たしかにそんなに増えていないな。なんだ、良かった。

このあたりはちゃんと考えられていますね。なので、**税率は考えなくても大丈夫ですよ。**

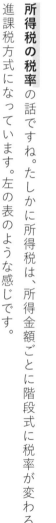

所得税の税率が上がっても心配しなくていい

所得税の税率

課税所得金額	税率	控除額
1,000円から194万9,000円まで	5%	0円
195万円から329万9,000円まで	10%	9万7,500円
330万円から694万9,000円まで	20%	42万7,500円
695万円から899万9,000円まで	23%	63万6,000円
900万円から1799万9,000円まで	33%	153万6,000円
1,800万円から3999万9,000円まで	40%	279万6,000円
4000万円以上	45%	479万6,000円

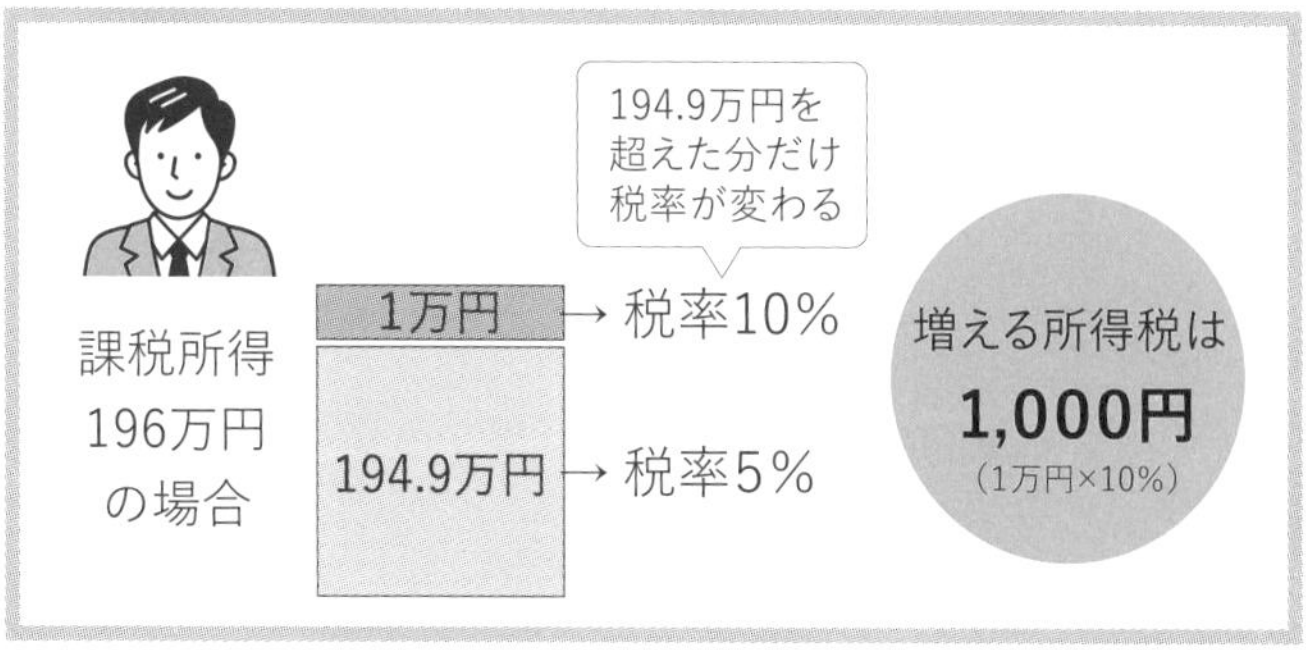

6 じつは会社員はもともとけっこう「控除」されている

じつは会社員は、「給与収入」からある程度の金額を「控除」することが認められています。「**給与所得控除**」といって、会社員だけのうれしい特典です。

そうなんですか？　あんまり意識したことなかったです。

そうなんです。自営業の方などは、実際に支払った経費しか控除が認められていません。それに対して会社員のような給与所得者は、一定の金額を、**実際に支払っていなくても経費として控除することが認められている**のです。金額的には左の表の通りです。

僕の年収は550万円だから…154万円！　でもこれ、僕みたいな会社員はうれしいけど、自営業者の人にとってはちょっと微妙じゃないですか？

良いご指摘です。実際、この控除は不公平という指摘を受けて、以前よりかなり減っているんですよ。まあ、認められる範囲内で控除を受けましょう。

実際に支払っていなくても控除できる「給与所得控除」

スーツ・制服代　　カバン・事務用品など　　仕事関連の書籍など

↓

一定額を控除できる！

給与収入（税引き前）	－ 給与所得控除	＝ 給与所得（いわゆる「手取り」）
1,200万円	**195万円**	1,005万円
900万円	**195万円**	705 万円
700万円	**180万円**	520万円
500万円	**144万円**	356万円
300万円	**98万円**	202万円
100万円	**55万円**	45万円

※2023年分で試算

7 給与所得控除以外の「所得控除」は大きく分けて2つ

所得控除について、もっと知りたいです！

承知しました。前項で紹介した「給与所得控除」以外にも、所得控除は色々あります。左のようなものですね。大きく2つに分けましょう。人に関する「**人的控除**」と、「**物的控除**」です。

自分や家族の属性に関して控除してもらえるのが、人に関する控除ってことですね。もうひとつは、特定のお金の使い方をすれば、税金は減るというパターンですか。

はい、くわしくは2章や3章で見ていきますね。ただ、控除項目は種類が多くて、内容も複雑なうえに、毎年のように改正が行われます。ですから、100%有効に所得控除を利用しきることは、至難のわざとも言えます。そういう意味でも、研究しがいがあるということです。

人に関する控除と もの・支出に関するおもな控除

代表的な 人的控除

- 基礎控除 →48 ページ
- 配偶者控除 →52 ページ
- 同居老親等の扶養控除 →60 ページ
- 配偶者特別控除 →56 ページ
- 障害者控除 →62 ページ
- 特定扶養親族控除 →58 ページ
- ひとり親・寡婦控除 →66 ページ
- 勤労学生控除 →68 ページ

代表的な 物的控除

- 医療費控除 →86 ページ
- 生命保険料控除 →112 ページ
- 寄附金控除 →122 ページ
- 地震保険料控除 →116 ページ
- 住宅ローン控除 →128 ページ
- 社会保険料控除 →120 ページ
- 雑損控除 →142 ページ

［控除・所得税の計算方法］

	収入金額（Ⓐ）	給与所得控除額
給与所得控除	162.5万円以下	55万円（収入金額が限度）
	162万円超 180万円以下	Ⓐ×40%－10万円
	180万円超 360万円以下	Ⓐ×30%＋8万円
	360万円超 660万円以下	Ⓐ×20%＋44万円
	660万円超 850万円以下	Ⓐ×10%＋110 万円
	850万円超	195 万円
所得控除	控除項目	控除額
	社会保険料控除	天引きされた健保料等
	扶養控除	「38万円」「63万円」等
	その他10種類以上あり	
所得税額	課税所得金額（Ⓑ）	所得税額
	195万円以下	Ⓑ×5%
	195万円超 330万円以下	Ⓑ×10%－9万7,500円
	330万円超 695万円以下	Ⓑ×20%－42万7,500円
	695万円超 900万円以下	Ⓑ×23%－63万6,000円
	900万円超 1,800万円以下	Ⓑ×33%－153万6,000円
	1,800万円超 4,000万円以下	Ⓑ×40%－279万6,000円
	4,000万円超	Ⓑ×45%－479万6,000円

（2023 年適用分）

2章
人に関する「人的控除」

1 税額への影響が大きい「人的控除」

人に関する控除をまとめて「人的控除」といいます。これは、**会社員自身やその家族に関する所得控除**の総称で、所得控除では大きなウエイトを占めています。

項目によってかなり金額に差がありますね。家族と税金って、関連づけて考えたことはあまりなかったんですけど、こうして見るとかなり影響が大きいですね。

そうなんです。家族が多いと税金が少し安くなります。大きく分けて8種類で、項目によってはさらに細分化されて、最終的には全部で14種類になります。

なんだか名前が似てるものもありますね。ちゃんと確認しないと、うっかり控除額の低い方にして、損しちゃいそう。

それは実際、節税の失敗あるあるですね。そういう損をしないためにも、この章で代表的なものを、控除額も含めて、ひとつずつ見ていきましょう。

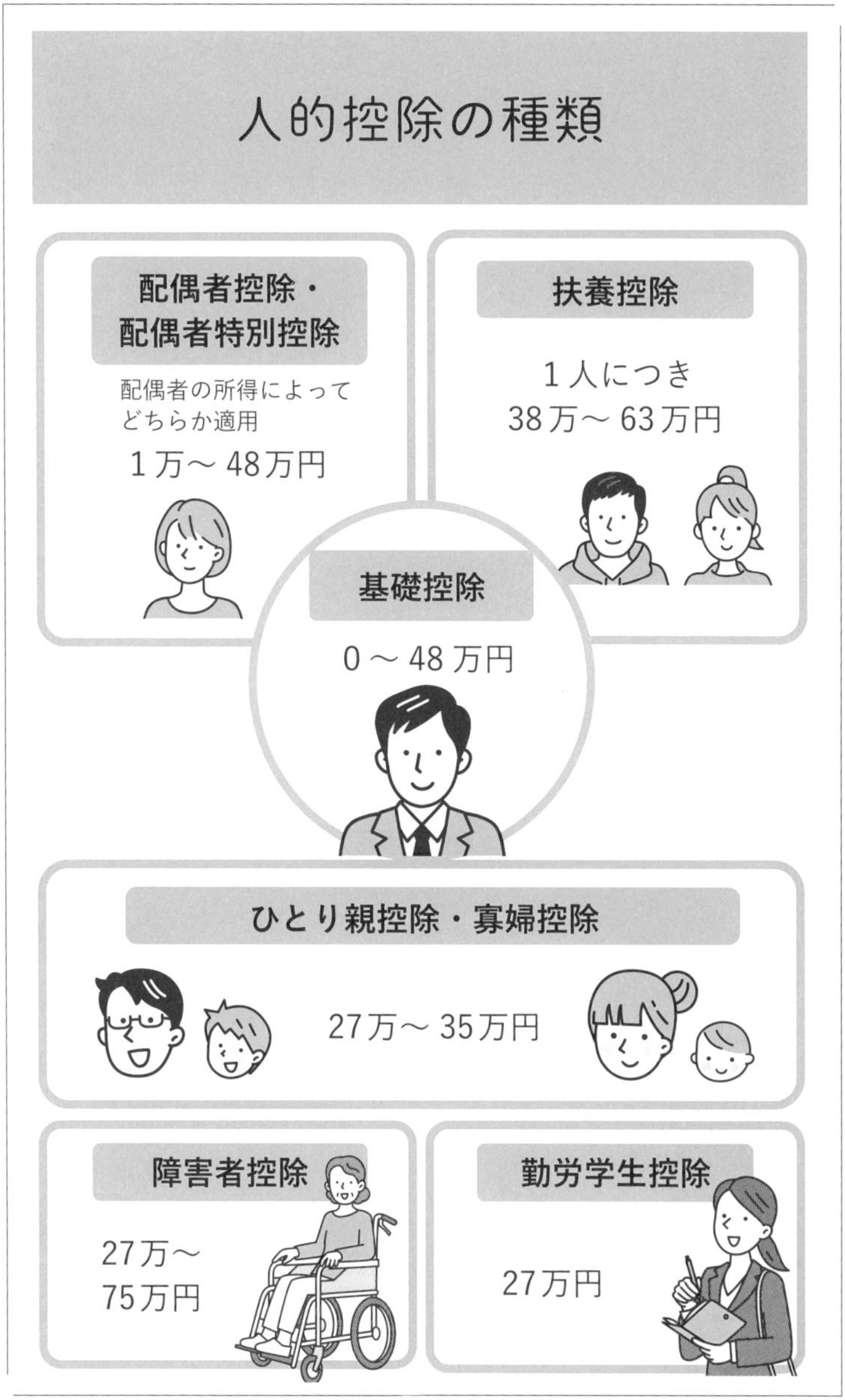
人的控除の種類
配偶者控除・
配偶者特別控除
配偶者の所得によって
どちらか適用
1万～48万円
扶養控除
1人につき
38万～63万円
基礎控除
0～48万円
ひとり親控除・寡婦控除
27万～35万円
障害者控除
27万～
75万円
勤労学生控除
27万円

2

誰でも使える「基礎控除」

「基礎控除」は、その名の通り、誰でも利用できる控除です。一般的な会社員の方の場合の控除額は**48万円**です。

所得が多いと控除額は減るんですね。これは、会社員は自動的に控除されるんですか？

半分は自動的です。会社員の方は、年末に左下のような書類を渡されませんか？　それには「給与所得者の基礎控除申告書」と書かれています。この書類を担当部署に提出することで、処理をしてもらえるはずです。

書類を提出するだけでいいから、半分自動なんですね。書類に小さな字で何かたくさん書いてあるけど……あの、これ、全部読まないといけないですか？

手続き自体は読まなくてもできると思います。ただまあ、できれば一度読んでみてもいいと思いますよ。

一般的な会社員なら「基礎控除」を利用できる

納税者本人の合計所得金額	基礎控除額
2,400万円以下	48万円
2,400万円超2,450万円以下	32万円
2,450万円超2,500万円以下	16万円
2,500万円超	0円

給与所得者の基礎控除申告書
兼 給与所得者の配偶者控除等申告書 兼 所得金額調整控除申告書

（令和5年分）

国税庁のホームページからダウンロードして印刷できます

3 「扶養」する人が多いと控除額が増える

「扶養」とは、言葉を換えると援助のことで、「扶養親族」というのは、あなたが金銭的に養っている親族のことです。一般的には、子供や定年後の親などですね。つまり、**養っている人が多い人の税金は安くなる**ということです。

助かります！　僕の場合は妻と子供2人と、あと将来的には僕の両親も入るかもしれない。そうなったら、5人扶養していることになるから、大きいですよね。

扶養する人が多いと、控除額が数百万円になる方もいらっしゃいます。そうなると、最終税額もほぼゼロ円状態となります。

限りなくゼロに近づけたいです！

年末に会社から配られる「給与所得者の扶養控除等申告書」に書き込む家族の名前が1人増えるたびに、控除額が増えます。該当する方の名前は忘れずに記入しましょうね。

養っている人が多い人への特典「扶養控除」

区分		控除額
一般の控除対象扶養親族（16歳以上の人） 		38万円
特定扶養親族（19歳以上23歳未満の人）		63万円
老人扶養親族（70歳以上の人）  父母など	同居老親等	58万円
	同居老親等以外の者（本人や配偶者の直系尊属（父母、祖父母など）で、同居していない人）	48万円

（年齢はすべて「その年の12月31日現在の年齢」）

給与所得者の扶養控除等（異動）申告書

ここに全員の名前等を書き込む

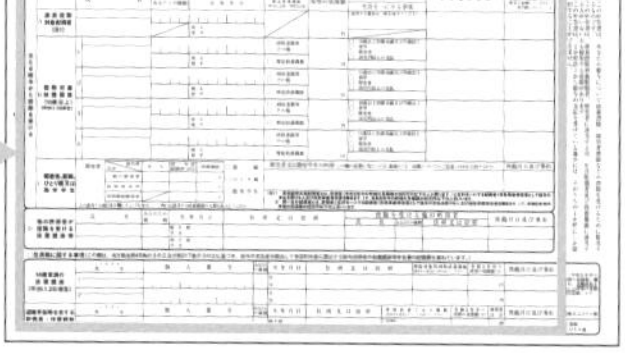

年末調整の書類

4 配偶者がいると控除額が増えるが…

人的控除の代表は配偶者です。配偶者がいる場合は、「**配偶者控除**」が利用できます。これは大まかに言うと、「**配偶者の所得が一定額以下なら税金を減らせる**」というものです。

配偶者がいる、つまり結婚してるってだけで控除されるんですね。基本的にはうれしい制度なんだけど、これって一般的にはあんまり評判が良くない気がします。パートで働いてる妻なんて、むしろ敵視してたような……

おそらく、俗に言う「**年収の壁**」のせいでしょうね。おっしゃるように、基本的には控除額が増えるうれしい制度のはずなのですが、その控除額が、場合によってはあだになるんです。より具体的に言うと、配偶者の方に一定以上の収入がある場合は要注意ですね。ちょっと複雑なので、次の項目でご説明します。

うう、難しそう……。

配偶者は特別枠

納税者と生計を一にする配偶者 ＋ 合計所得金額48万円以下 ＋

その年の12月31日で

70歳未満

70歳以上

控除を受ける納税者本人の**合計所得金額**	一般の控除対象配偶者（70歳未満）**控除額**	老人控除対象配偶者（70歳以上）**控除額**
900万円以下	38万円	48万円
900万円超 950万円以下	26万円	32万円
950万円超 1,000万円以下	13万円	16万円

給与所得者の基礎控除申告書
兼 給与所得者の配偶者控除等申告書
兼 所得金額調整控除申告書

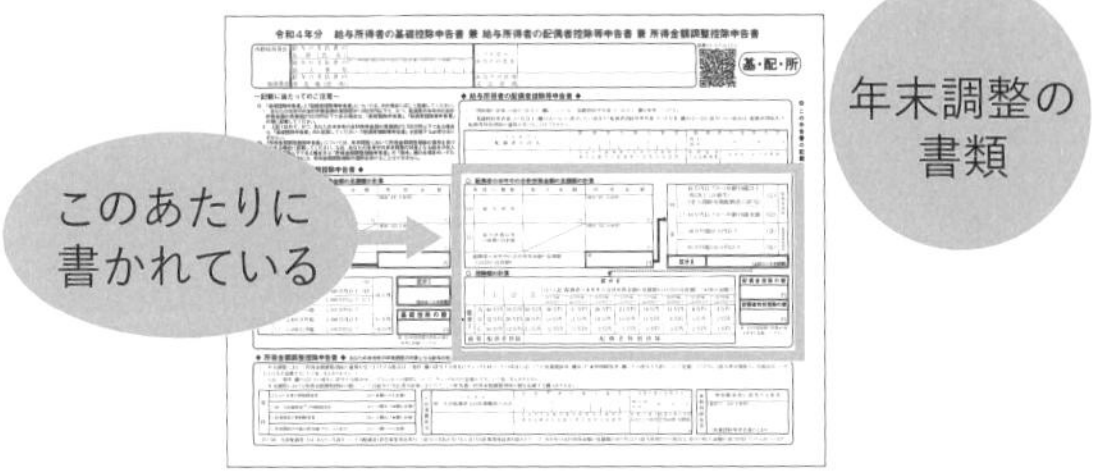

5 配偶者が働いているなら「年収の壁」に注意

「年収の壁」には、税金以外にも「社会保険」「配偶者手当」などが関わってくるので複雑なのですが、結論だけ言うと、配偶者の収入が一定額以上になると、なぜか夫婦の手取りが減る、というものです。しかも、それ以外にも「壁」と呼ばれる金額があります。

一定額……妻がパートをしてるんですけど、「これ以上稼ぐと手取りが減る」って言って、働く時間をわざと減らしてるんです。あれも「年収の壁」が原因なんですね？

その通りです。ですから、**妻がいくらまで働いても良いか、夫の収入も確認した上で判断する必要がある**んですね。

夫婦の家計はひとつとはいえ、なんだか今の時代に合ってない気が……

女性もフルタイムで働く時代ですからね。政府も色々な「年収の壁」対策を打ち出しています。いずれ大きな変化があるかもしれません。

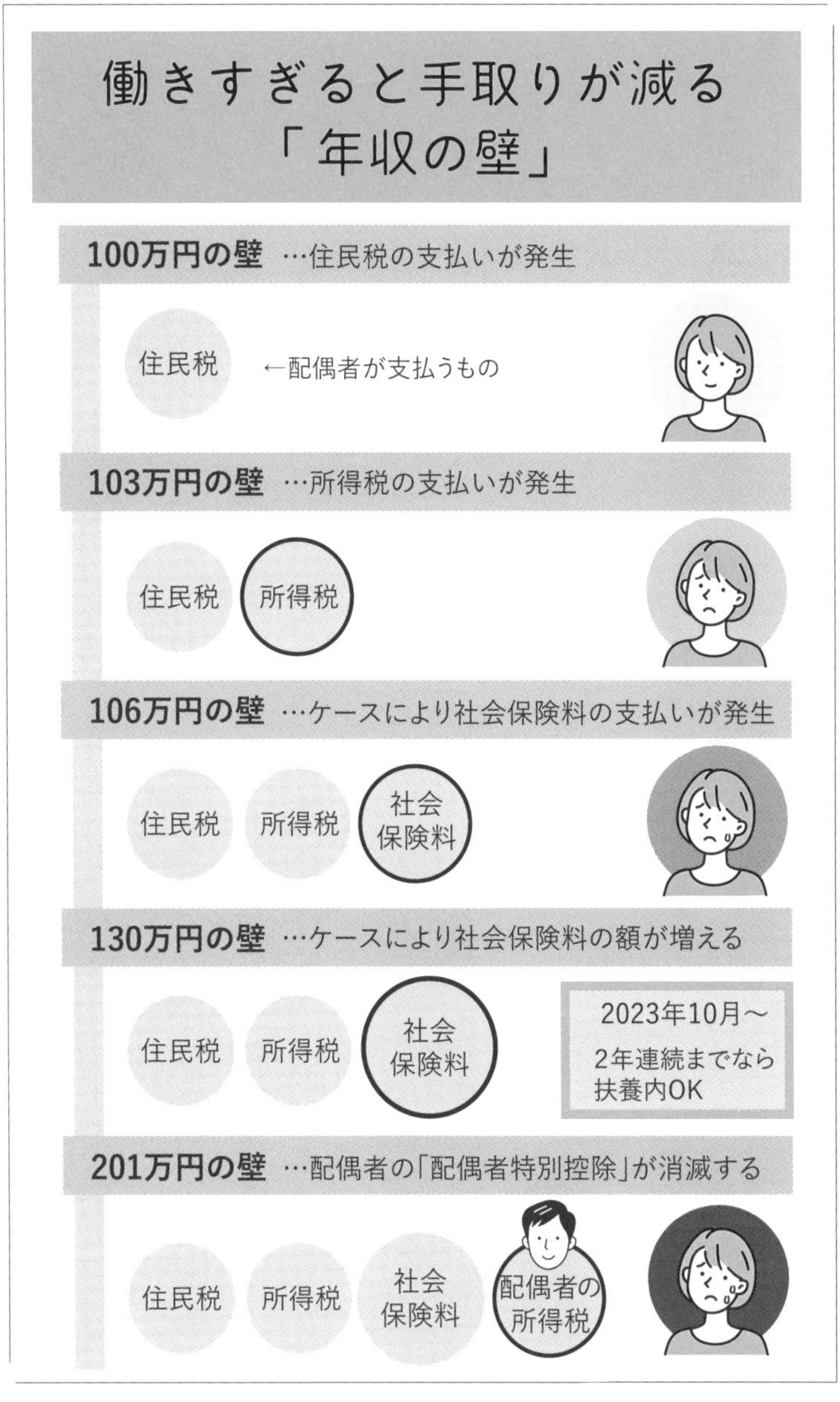
働きすぎると手取りが減る
「年収の壁」
100万円の壁 …住民税の支払いが発生
住民税
←配偶者が支払うもの
103万円の壁 …所得税の支払いが発生
住民税
所得税
106万円の壁 …ケースにより社会保険料の支払いが発生
住民税
所得税
社会保険料
130万円の壁 …ケースにより社会保険料の額が増える
住民税
所得税
社会保険料
2023年10月～
2年連続までなら扶養内OK
201万円の壁 …配偶者の「配偶者特別控除」が消滅する
住民税
所得税
社会保険料
配偶者の所得税

6 配偶者の合計所得が133万円未満なら「配偶者特別控除」が利用できる

配偶者の年収が103万円を超えると、「配偶者控除」は「**配偶者特別控除**」に切り替わります。略して「配特控除」ともいいます。

年103万円、月額だと8・6万円弱…本格的に働くべきかどうか、微妙なラインですね。

配特控除に関しては、注意が必要です。配偶者の収入が増えるにしたがって、控除額は徐々に減少していくんです。イメージとしては左の図のような感じです。

容赦ない！　それならもう、稼げる人はガッツリ稼いだ方がよさそうですね。

さらに、会社員本人の給与収入の合計額が年900万円を超えると、配特控除額は3段階で減額されます。一般的な会社員の方は、そこだけ気をつければ大丈夫でしょう。

900万円……今の僕には関係ないですね！

配偶者特別控除の金額

	会社員（控除を受ける人）の合計所得金額			
配偶者の合計所得金額	900万円以下	900万円超950万円以下	950万円超1,000万円以下	1,000万円超
48万円超95万円以下	38万円	26万円	13万円	0
95万円超100万円以下	36万円	24万円	12万円	0
100万円超105万円以下	31万円	21万円	11万円	0
105万円超110万円以下	26万円	18万円	9万円	0
110万円超115万円以下	21万円	14万円	7万円	0
115万円超120万円以下	16万円	11万円	6万円	0
120万円超125万円以下	11万円	8万円	4万円	0
125万円超130万円以下	6万円	4万円	2万円	0
130万円超133万円以下	3万円	2万円	1万円	0

（令和2年分以降）

7 子供が大学生なら「特定扶養親族控除」をゲットしよう

扶養控除で気をつけていただきたいのが、20代の子供についてです。扶養控除が認められるには、**子供の給与収入が年１０３万円以下**であることが条件となりますが、アルバイトなどでけっこう稼いでいる学生さんも多いですよね。

あ、長男がいずれ該当するかも。未成年の学生は控除対象になったりしませんか？

残念ながら、１０３万円以上稼いだ場合は控除対象外になります。ですので、少し工夫して１０３万円以下にして、「**特定扶養親族控除**」を利用するというのは、ひとつの方法です。一般の扶養控除額が１人あたり38万円なのに対して、控除額は63万円になりますからね。まあ、これも配偶者控除と同じく、家族で相談した方がいいですね。

ここでも１０３万円か～……とはいえ、63万円って大きいですよね。たしかに特別かも。長期間は利用できませんけど、お金がかかる大事な時期にはありがたいです。

20歳前後の子を扶養にするときの特別枠

以下の要件にあてはまれば

該当者１人あたり **63万円** 所得税を控除できる

アルバイト等の収入が年間103万円以下

要件

子供の年齢が19歳以上23歳未満

（その年の12月31日時点）

大学生
浪人生
専門学校生
フリーター
ニート
などもOK

8

親を扶養していると控除額が増える

先生、僕は将来、両親を扶養することになると思うんですが、親の扶養もちょっと特別になったりしませんか？

なります。その年の年末時点で70歳以上になっている扶養家族と同居していれば、その人は**同居老親等**になり、１人あたり**58万円**の控除となります。

同居２人なら、２倍の１１６万円ですね。

その通りです。しかも、**同居していない場合も大丈夫**です。「同居老親等以外」も**48万円**控除されます。将来、ご両親が施設に入られて別居になったときなども、仕送りなどをしていれば「老人扶養親族」と認められるのです。

おお。同居したら、１年で１１６万円で、５年で５８０万円……日本人の平均寿命を考えると、かなり大きい控除になるかもしれないですね。

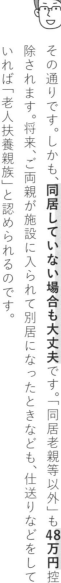

老人扶養親族・同居老親等になれば控除できる

本人か配偶者の父母・祖父母など
＋
扶養している

同居している
↓
「同居老親等」
58万円控除

同居していない
↓
「同居老親等以外」
48万円控除

仕送りをしている場合

施設などに入居している場合

給与所得者の扶養控除等（異動）申告書

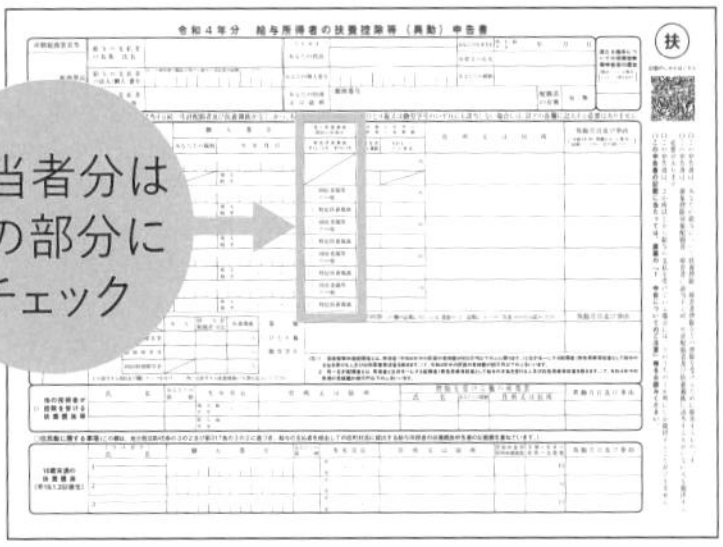

年末調整の書類

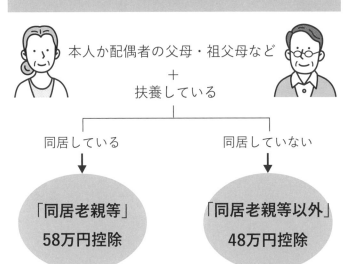

9 本人や配偶者・扶養親族に障害があると「障害者控除」を利用できる

税金計算の上では、障害者であることは有利に働きます。なぜなら「障害者控除」を受けられるからです。

人生、何があるか分かりませんから、これは助かりそうです。

6級以上の身体**障害者手帳**があれば、「障害者控除」を受けられます。会社から配られる「扶養控除等申告書」の該当欄に記入し、障害者手帳のコピーを添付すればＯＫです。

身体障害者手帳を持っていることが大事なんですね。ということは、先に手帳をもらう必要があるということですか？

実際の作業としては、そうなりますね。じつは、該当する方でも、案外手帳の申請をしていない方も多くいらっしゃいます。逆にダメもとで申請した結果、6級までに認定されたケースもあります。該当しそうなら、申請にチャレンジしてみるといいと思います。

障害者控除は３種類

一般障害者の場合

27万円
所得税控除
される
（住民税は26万円）

本人や扶養親族が
「身体障害者手帳」（3～6級）
「精神障害者手帳」（2～3級）
を持っている

特別障害者の場合

40万円
所得税控除
される
（住民税は30万円）

障害者手帳は
３種類

・「身体障害者手帳」に書かれた程度が1～2級
・「療育手帳」に書かれた程度が「A」
・「精神障害者保健福祉手帳」に書かれた程度が1級
・重度の知的障害者と判定された人
・6ヵ月以上病床で複雑な介護を受けなければならない人
など

同居特別障害者の場合

75万円
所得税控除
される
（住民税は53万円）

特別障害者で、
配偶者・扶養親族で、
かつ同居している人

10 家族の介護度が高ければ障害者控除が受けられる可能性がある

じつは同居の親御さんを介護している場合も、「障害者控除」を受けられる可能性があります。**自治体の認定書**があり、介護されるご家族が存命である限り、62ページで紹介した「**障害者控除**」を受け続けられるんです。

へえ、介護でも障害者関連の制度が利用できるんですね。

対象となり得るのは、7段階の等級がある介護認定のうち、原則として「**要介護1～5**」に該当する場合です。ですが、いわゆる「寝たきり」の状況と判断されれば、特別障害者の状態にあるとして、障害者控除を受けることもできます。

介護は長く続くこともあるっていいますからね。ええっと、51ページで出てきた「同居老親等」の控除は58万円で、同居特別障害者控除は75万円だから、計133万円。介護が10年間続くとすると、トータルで1330万円分！　長く続くなら、これは大きいですね。

長く続くかもしれない介護の強い味方

介護認定を受けている
65歳以上の家族

介護認定の等級
- 要支援1～2
- 要介護1～5

- 日常生活自立度（寝たきり度）
- 一般障害者・特別障害者

2つの組み合わせが一定の基準を超えたら → 障害者控除を受けられる 27万円

住んでいる所の基準をチェック

例
障害高齢者の「日常生活自立度」のランクA以上
＋
認知症高齢者の「日常生活自立度」のランク2以上
（千葉県佐倉市の例）

各自治体によって違うので要注意

↓

勤務先に「障害者控除対象者認定書」を提出

↓

障害者控除を受けられる

寝たきり ― 認定書や障害者手帳がなくてもOK → 障害者控除を受けられる

11 離婚率3分の1時代の「ひとり親控除」と「寡婦控除」

日本の離婚率は上昇し続けていて、今ではおおよそ3分の1のカップルが離婚する時代となりました。一番離婚率が高いのは30代半ばの方なのですが、そうなると、離婚後に片親世帯や単独世帯としての生活となるケースが多くなります。

そういう人のためにあるのが、こういう控除ですね。子供がいるとかかるお金も違うから、ありがたいです。でも、性別によって使える制度が違うんですね。

はい、女性より男性の方が、要件や金額などの面で少しハードルが高くなっています。

日本人の平均年収は男性の方が高いから、女性の方がより支援が必要ってことでしょうか。まあ実際のところ、この控除のために働くのを抑えるってことはなさそうですけど。

国の意向は置いておくにしても、実際、能力がある人は働いて稼いだ額の方が大きいですしね。所得が高い人に対する支援は少なめです。

状況によって利用できる制度が変わる

所得が500万円以下の人

- 結婚していない
- 配偶者の生死が不明

＋

- 総所得 48万円以下の生計を一にする子がいる（シングルファーザーも OK）

↓

男女
ひとり親控除
35万円控除

- 夫と離婚後、再婚しておらず、扶養親族（子、親、祖父母、孫）がいる
- 夫と死別後、再婚していない
- 夫が生死不明
- 「ひとり親」に該当しない

↓

女性のみ
寡婦控除
27万円控除

事実婚はどちらもNG

12 働きながら学んでいる人は控除額が増える

近年は仕事をしながら学校に行っている人もいらっしゃいますね。そのような場合、もしかしたら、「**勤労学生控除**」を利用できるかもしれません。

へえ。僕はいま42歳ですが、学生になれば、この年でも利用できますか？

年齢的には大丈夫です。勤労学生控除には**年齢制限がありません**から。ただ、**所得の制限はある**んです。所得の合計が75万を超える方は、「勤労学生控除」は利用できません。

じゃあ、僕は使えないってことですね。でも、うちの子が働いたら該当するかもしれない。

そうですね。ただその場合、気をつけていただきたいことがあります。熱心にアルバイトをして、お子さんの所得が上がれば、課税対象になります。それだけならいいのですが、親の扶養を外れることになるので、親の方の控除額が減って、結果、**親が増税になる**、なんてことになる可能性があるのです。家族単位で考える必要がありますね。

働きながら学ぶ人には ごほうびがある

以下の要件すべてにあてはまれば

27万円 控除できる

本人の合計所得金額が75万円以下

給与以外の所得が10万円以下

一定の学校の生徒であること

・学校教育法に規定された高校・大学・高等学校、一定の専修学校、認定職業訓練を行う一職業訓練校など
・修業期間が2年以上
・1年の授業時間が800時間以上
など

13 日本に住んでいない人も「扶養」にできる

前項で見たように、扶養というのは、住んでいる場所にはあまりこだわりません。ですので、日本以外に住んでいる人でも「**国外居住親族**」ということで扶養の対象になります。

へえー。海外留学した子供に仕送りしている場合なんかは、該当しますね。

はい。あとは、外国の方と結婚した場合だと、配偶者となった方の親族も該当しますね。配偶者を通して仕送りをしているときは、配偶者のご両親なども入るかもしれません。

国際化の時代ですから、可能性としては十分ありえますね。

ただし、仕送りしていることを証明するために、**金融機関の振込明細書や通帳の写しといった書類が必要**になります。

節税にはつきものの証拠というやつですね。

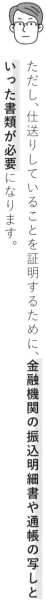

国外に住んでいる親族の場合は書類の提出が必要

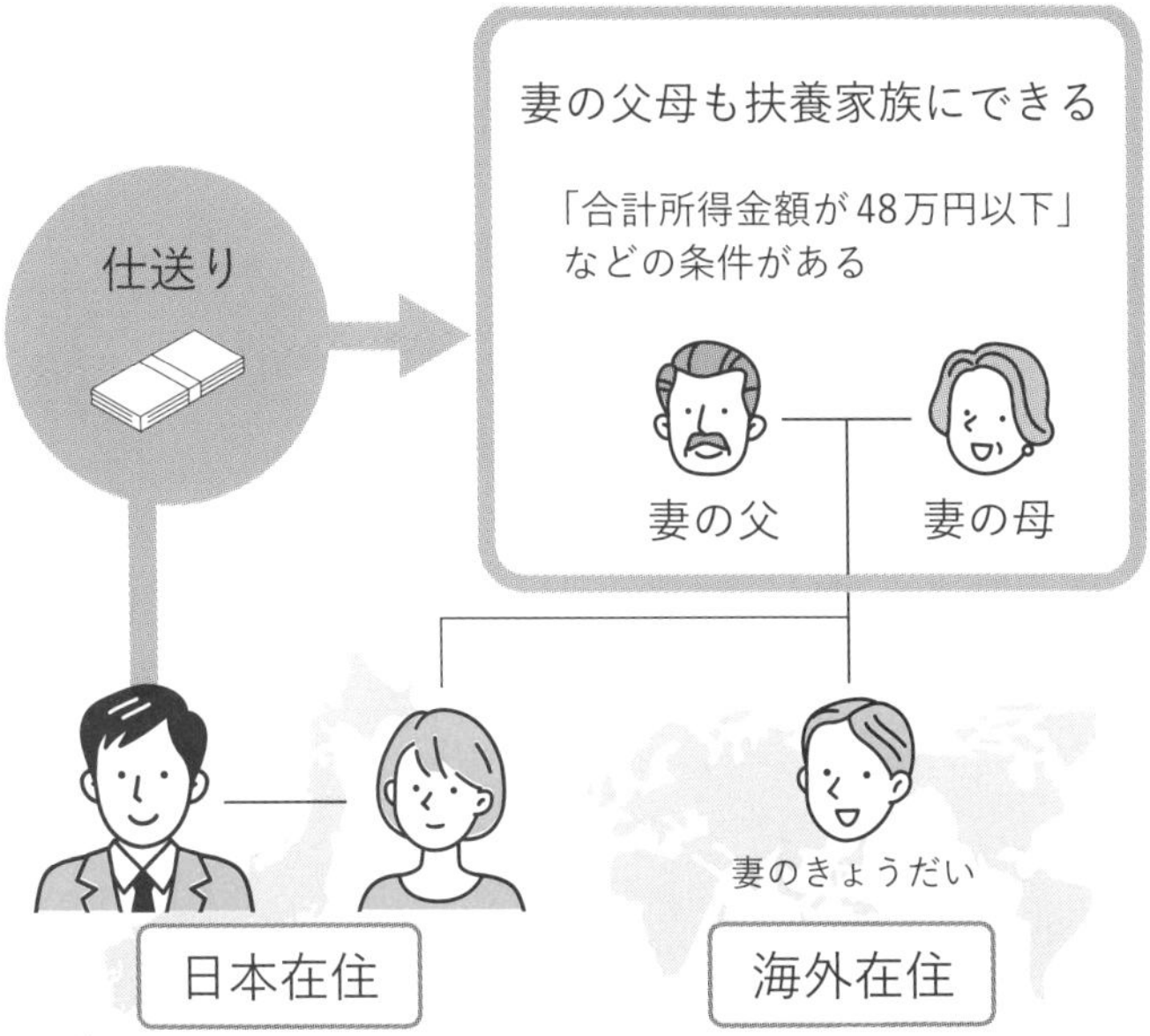

提出する書類

親族関係書類

戸籍謄本
出生証明書
婚姻証明書等

送金関係書類

外国送金依頼書の控え
クレジットカードの利用明細書等

14 「扶養親族」にできる範囲は？

いまいち分からないのが「扶養親族」の範囲です。「扶養」はまあ分かるんですけど、「親族」って？　どこまでだったら扶養にできる可能性があるんですか？

親族というのは、**6親等内の血族、3親等内の姻族《いんぞく》**です。姻族というのは、配偶者の親族ということです。ですから、配偶者側の3親等以内も入ります。

ん？　配偶者本人は「扶養親族」に入らないんですか？

税金の世界だと、配偶者は「配偶者」という別のカテゴリに入るので、「扶養親族」ではないんです。「扶養親族」で、同じ財産を使って生活している親族であれば、同居でなくても扶養に入れられます。60ページとか、70ページで紹介した控除もこの範囲内です。

けっこう範囲が広いですね。ちゃんと確認したら、自分の扶養に入れられる親族がいるのかもしれないな。

「扶養親族」にできるのは6親等内の血族・3親等内の姻族

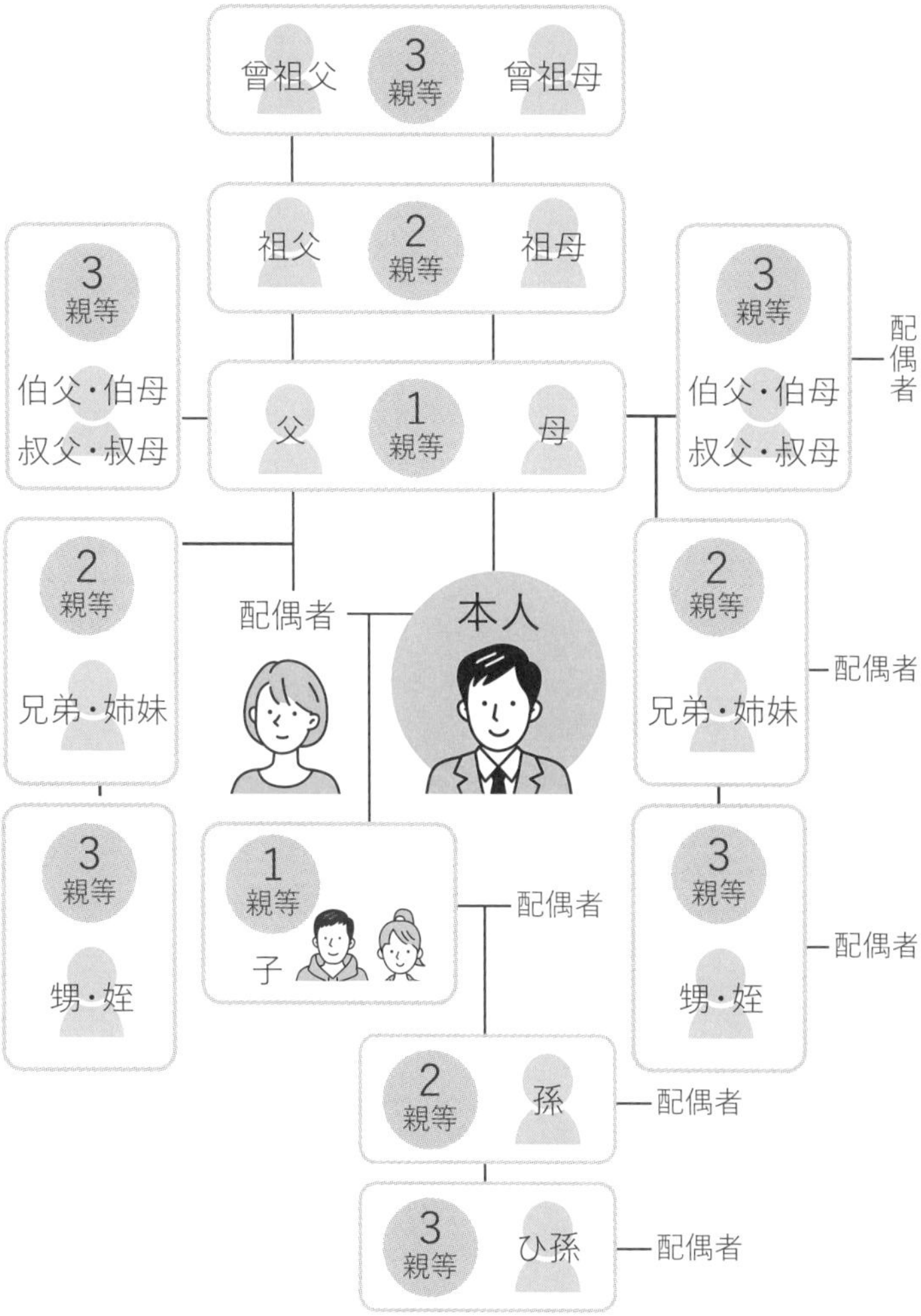

（4～6親等は重要性が低いため省略）

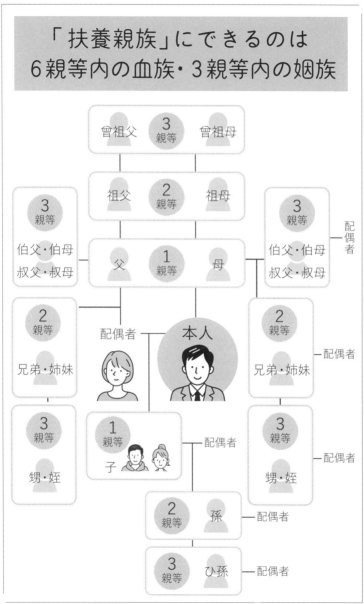

15 年金をもらいながら働く会社員はダブルメリットがある

じつは、収入全体は多いのに、課税所得の段階になると不思議と小さな金額になる方々がいらっしゃいます。その結果、税金も低額で済みます。この典型的なパターンが、年金をもらいながら会社員として働いている方です。

そうなんですね。自分にとってはまだ先の話だから、ピンときません。

一般的な会社員が給与収入から指し引けるのは「給与所得控除」のみです。一方、年金を受け取っている会社員は、それにプラスして年金から「**公的年金等控除**」も差し引けます。つまり、**ダブルで差し引ける**のです。

へー。なんか不公平じゃないですか？　現役世代も同じように頑張って仕事してるのに。

やっぱりそう思われますよね。じつは同じ声が多かったので、公的年金等の収入が1000万円を超える場合などには、控除額に上限が設定されました。

給与所得も年金も どちらも控除される

公的年金等控除

65歳以上
110万～195.5万円

65歳未満
60万～195.5万円

※その他合計所得金額が1000万円以下の場合

年間収入額が500万円の場合

	 50歳	 65歳
給与（①）	500万円	350万円
給与所得控除額（②）	144万円	113万円
所得金額調整控除額（③）	0円	10万円
給与所得（①－②－③）	356万円	227万円
年金（④）	0円	150万円
公的年金等控除（⑤）	0円	110万円
雑所得（④－⑤）	0円	40万円
合計所得金額	356万円	267万円

（2023年分）

89万円の差

↓

所得税＋住民税の額は約20万円の差額

人的控除の計算例

星さんの家族構成は現在「自分＋配偶者＋子2人」の4人ですが、これが永続的に続くわけではありません。

子が独立すれば扶養家族が減りますし、親御さんを養うことになるかもしれません。さらに、もしかしたら事故などにより障害を負うこともあるかもしれません。

家族の変化によって「人的控除」がどう変わっていくか、少し例を見てみたいと思います。

現在

基礎控除　48万円

配偶者控除　38万円

子（17歳）　38万円

子（12歳）　0円

合計　124万円

自分が障害を負ったら…

基礎控除　48万円
一般の障害者控除　27万円
配偶者控除　38万円
子の扶養控除　38万円
合計　151万円

離婚して子の1人を育てることになったら…

基礎控除　48万円
ひとり親控除　35万円
合計　83万円

親を扶養し始めたら…

基礎控除　48万円
配偶者控除　38万円
同居老親等2人分の控除　116万円
子の扶養控除　38万円
合計　240万円

子が独立したら…

基礎控除　48万円
配偶者控除　38万円
合計　86万円

［コラム］

社会保険料は節約しない方が良い？

できることなら減らしたい社会保険料ですが、じつは、少なければ良いとも一概に言い切れない部分があります。

その理由は、その名の通り、社会保険は会社員自身にとって「保険」になっているからです。

たとえばケガや病気で仕事を休んだ場合には、「傷病手当金」として標準報酬月額（通常の給料に相当）の3分の2の収入が社会保険により保障されます。「出産手当金」なども同様です。

また、将来リタイヤしたあと収入の柱となる「年金」なども、支払っている社会保険料の額に比例します。

そもそも、会社員自身が負担する社会保険料は、本来の保険料総額のうち半分だけで、残りの半分は会社が負担してくれています。

であれば、保険料総額の半分だけを自分で納めて、見返りとして社会保険制度の様々な恩恵にあずからない手はない、とも言えるのです。

3章
支出に関する「物的控除」

1 特定支出控除①
会社員は控除額を自分の力で増やせる

会社員は、「給与所得控除」という、税金計算上の大きなメリットを持っています。これについては40ページでご紹介しましたね。

はい、給与の何割かは非課税っていう、かなりお得な制度ですよね。

それです。じつは、これを増やす裏技が存在するのです。それが「**特定支出控除**」です。

名前から予想すると、「特別な支出」だったら控除されるってことでしょうけど、具体的にはどんな支出なんですか？

左の7つです。これらに該当する支出で、金額が基準額を超えるときは、給与所得控除にプラスして控除できるという特典です。この章では、これらをくわしく見てみます。

該当しそうなものがあります！　これで税金が安くなるかも！

該当するものがあれば もれなく利用したい「特定支出」

特定支出控除の対象になる支出

①通勤費

通常必要と認められる通勤のための支出

②職務上の旅費

職務を遂行するために直接必要な旅行のための支出

③転居費

転勤にともなう転居のための支出

④研修費

職務に直接必要な研修のための支出

⑤資格取得費

職務に直接必要な資格を取るための支出
（弁護士、税理士などもOK）

⑥帰宅旅費

単身赴任中の時などの、自宅との間の旅行のための支出

⑦勤務必要経費

職務の遂行に直接必要な図書・衣服・交際等のための支出

※特定支出控除は物的控除ではありませんが、円滑な説明のため3章に入れました。

2 特定支出控除②

会社の証明を受ける必要がある

ただ、「特定支出控除」には、注意点があります。領収書さえあればいいというわけではなく、原則として給与の支払者の証明、つまり**会社の証明を受ける必要があります**。

えっ、何を買ったか会社に報告して、許可してもらうってことですか。けっこうハードルが高いですね。

さすがに、なんでもかんでも「仕事のための支出」にはできないということです。金額の上限もありますし。控除は、左ページのように計算します。

関係ない支出までは控除できない仕組みになってるんですね。とはいえ、けっこうな額になりそうだし、お金を出すのは自分自身だから、ぜひとも控除したいところだな。

自費で支払った分を許可してもらえたら儲けものです。会社員を続ける期間を考えると、一度チャレンジしてみてもいいと思います。

控除できる金額の計算方法

会社の証明を受ける必要がある

所得より控除できる金額の計算

特定支出の合計額 －（その年中の給与所得控除額 × 50%）

年間給与
550万円

特定支出の合計額が150万円とすると…

150万円－(154万円×50%) → 73万円

給与所得控除額154万円 ＋ 特定支出控除額73万円 → 合計227万円控除できる

特定支出控除まとめ

サラリーマンの税金計算上の最大のメリットが「給与所得控除」です。年間給与が５５０万円だとすると、１５４万円もの給与所得控除が受けられるのですから。単独でこれほどの額となる所得控除は、ほかには見当たりません。

給与所得控除は、他力本願的に一定の計算式で算定されてしまいます。しかし、これを自分の力で増やす裏技が存在するのです。それが「特定支出控除」です。

「給与所得控除」と「特定支出控除」の違いは、**控除のために確定申告をする必要があるかどうか**です。

「給与所得控除」は、年末に書類を１枚、会社に提出するだけでいいですが、「特定支出控除」を利用したいときは、確定申告をする必要があります。

ハードルは少し高いですが、控除額が高いので、６章を参考にして試してみる価値はあります。

	給与所得控除	特定支出控除
対象	仕事に必要なスーツ・カバン・事務用品・書籍など 実際に支払っていなくてもOK	通勤費・旅費・転居費・研修費・資格取得費・キャリアコンサルティング費用など 領収書などの証明するものが必要
控除額	自動的に決まる （最大195万円）	自分で計算する
手続き	年末調整で会社に書類を提出する	会社の証明を受ける ＋ 確定申告をする

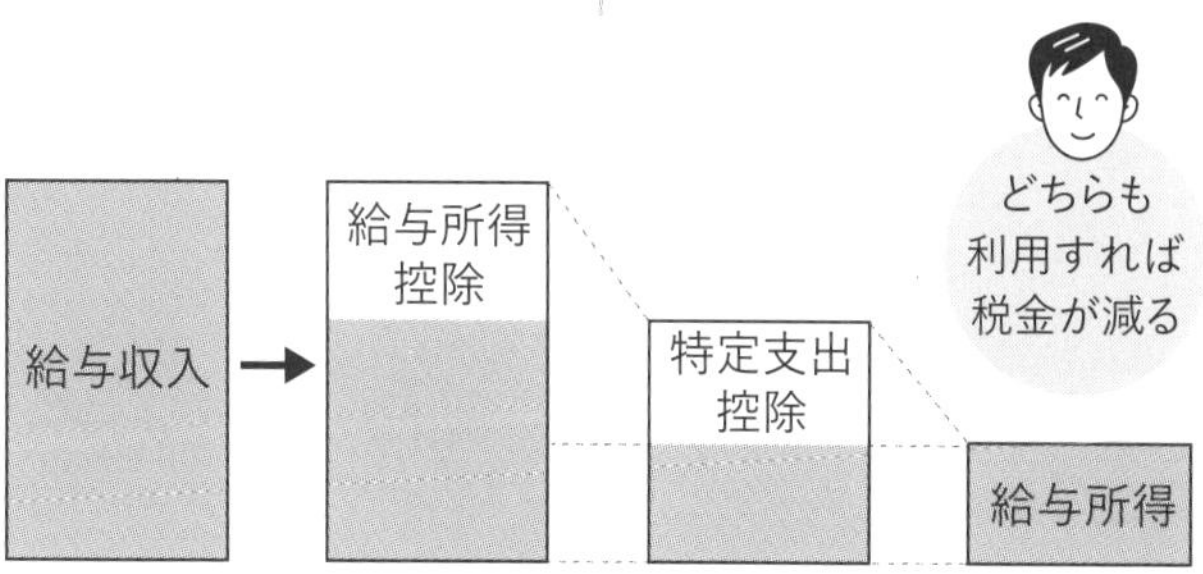

1 医者でもらった領収書はとりあえずまとめておこう

領収書とかレシートね。整理したいんですけど、どうも面倒で、後からやろうと思ってるうちにどこかへいっちゃうんですよね。

それはもったいないですね。総額が10万円以上になれば、「**医療費控除**」という武器が使えるので、とっておいてください。

10万円か〜……家族みんな健康だし、そんな頻繁に医者に行かないと思うんですけど。

医療費は**1年分を合算できます**。その間、なにがあるか分かりませんよ。大きな病気は突然やってくるし、1件1件は少額でも、まとめるとけっこうな額になるものです。場所を決めて、とりあえずそこに放り込むだけでOKなので、ぜひとっておいてください！

病気は突然というのは、たしかにそうかも。捨てちゃうといざというときに後悔しそうだから、領収書は一応とっておきます。

医療費控除に使える
領収書やレシート
医者・
歯医者での
診療・治療費
これが
基本!!
合計すると
意外に高い
治療・療養に必要な
医薬品の購入
タクシーは
領収書を
もらおう
電車代や
バス代は
メモでOK
TAXI
通院や入院のための
交通費
保健師・看護師・
などによる世話
場合によっては
医者よりも
お金がかかる
介護福祉士等
による一定の行為
マッサージ・
鍼灸など
助産師による
分べんの介助
医療保険の方で発行される「医療通知書」でもよい

2 ドラッグストアではレシートをもらっておこう

ドラッグストアはよく行きますけど、薬じゃなくて、ばんそうこうとかお菓子とか、ちょっとしたものを買うことの方が多いんですよね。そういうレシートでも、とっておく意味はあるんですか？

あるんです。ばんそうこうも立派に節税の武器になります、お菓子を一緒に買ったレシートでもＯＫです。年に1回だけ、計算するときに使えばいいんです。

レシートは正直、かさばるし、見返さないから、あんまりもらいたくないんですよね……。

節税のためには「証拠」が必要です。買い物のたびに常にレシートをもらう必要はありませんが、「これは使えるかも」というときだけはもらって、とっておいてください。

なるほど、証拠保全ということですね！　分かりました。

こんなときのレシートも合計すれば節税の武器になる

3 セルフメディケーション税制は1万2000円から

新型コロナとかインフルエンザのせいで注射しなきゃいけないし、そしたら妻に「ついでだから健康診断も受けてこい」って言われるし、もうさんざんです。

注射、お嫌いなんですね。でもそれなら、税金が安くなるかもしれませんよ。「**セルフメディケーション税制**」というのがあって、左ページにあるいくつかの要件をクリアすれば、控除を受けられます。健康診断を受けていることも要件ですが、受けてますか？

健康診断は会社と妻にしつこく言われてるので、毎年受けてます！　ちょっとした薬も買ってると思います。痛い思いをしたんだから、ちょっとくらい得したいです！

やる気が出てきましたね。健康診断や予防注射そのものは残念ながら控除の対象になりませんが、多くの会社員にとって、セルフメディケーション税制はハードルが低いので、ぜひ活用してください。

セルフメディケーション税制とはこんな制度

要件①

定期健康診断、
予防接種、ガン検診等を
受けている

（健康のための一定のとりくみを行い、領収書や結果通知表を保存している）

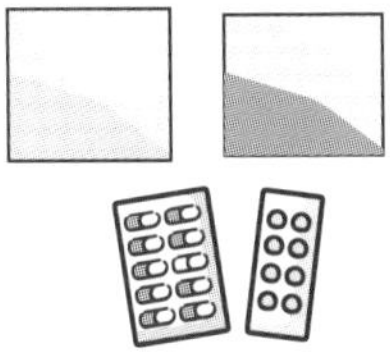

要件②

「スイッチOTC医薬品」
（医療用から転用された医薬品）
を購入した

セルフメディケーション
税 控除対象

このマークが目印

その年中に支払った対象医薬品費

最高8.8万円　控除される！

1.2万円 は自己負担

4 医療費控除とセルフメディケーション税制、どっちがお得？

あれ？　先生、さっき言ってた医療費控除と、セルフ控除は、別ものなんですか？

別ものです。そして、**どちらか片方しか適用できない**ので、自分の場合はどちらが得かを計算して選択するといいですね。計算方法は左のような感じです。

えーそうなんですね。計算しないと分からないのか。ふーん……。

とたんにやる気がなくなりましたね。たしかに、自分で計算して判断するのは難しいかもしれませんね。

計算はちょっと苦手なんですよね。

まあ、大まかには、「大きな病気をしなくても、セルフメディケーション税制を利用すれば、税金が安くなる可能性がある」というような感じだと覚えてください。

どっちがお得？
判定のしかた

支払いが
医療費のみ
（セルフ税制以外）

↓

医療費控除
が有利

セルフ税制対象製品のみ
購入

↓

セルフ税制
が有利

両方ある場合

①

セルフ税制対象製品の購入額 ＋ それ以外の医療費 －10万円※

②

セルフ税制対象製品の購入額 －1.2万円

※総所得金額等が200万円未満の場合は総所得金額等の5%

①＞②
医療費控除
が有利

①＜②
セルフ税制
が有利

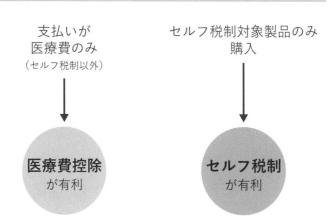

5 家族全員の医療費をまとめて控除できる

これはいいですね。うちは僕、妻、子供2人の4人家族で、僕はほとんど医者に行かないけど、妻や子供はよく行くから、医療費控除できるってことですよね！

その通りです。医療費の領収書は、**同居の家族のものであれば、すべて合算できます**。

それは助かります。ということは、僕と妻のどっちも医療費控除できたら、ダブルでお得になりません？

そういう可能性もありますが、多くの場合は、**家族のうち誰か1人がすべての領収書を集中的に使った方が断然お得**になります。一番所得税率の高い人が税率も高いので、控除をした場合、還付される税金も高くなるんです。ですから、家族で相談して、誰が使うか決めてもいいと思いますよ。

税率か。数字ってやっぱり大事ですね。

医療費は1人がまとめて控除に利用した方がお得！

父	母	長男
医療費：12万円	医療費：12万円	医療費：12万円
（足切額 10万円）	（足切額 10万円）	（足切額 10万円）

3人が別々に医療費控除をした場合…

2万円 ＋ 2万円 ＋ 2万円 ＝ 医療費控除額 **6万円**

節税額 **1.2万円**（住民税含む）

20万円分の控除枠を捨てることになってしまう

所得税率が一番高い父が全員分をまとめて医療費控除した場合…

12万円 ＋ 12万円 ＋ 12万円 －（足切額 10万円）＝ 医療費控除額 **26万円**

節税額 **5.2万円**（住民税含む）

20万円分の控除額も利用できる

※所得税の税率を10％として計算

6 一緒に住んでいない家族の医療費も合算できる

ちなみに、一緒に住んでいなくても、**生計を一にしている親族**なら、合算できます。

せいけいをいつ？　ってなんですか？

同居でなくても、仕送りをしている大学生の子供や老親など、別居の家族のことですね。そういう方の分も、領収書を合算できるんです。

あー、**別居してるけど実際は自分が養ってる親族**ってことですね。今はそういう人はいないけど、将来、もしかしたら僕の親がそうなるのかも……。妻にはまだ話してないんですけど、そういう可能性も考えておいた方がいいですよね。

そうそう、将来的なことも考えておくといいですよ。とくに親との同居問題は、奥様にも影響があるものですし。ちょっと話を切り出しにくいかもしれませんが、税金という切り口からであれば、話しやすいかもしれません。

「生計を一にしている親族」なら
同居していなくてもＯＫ！
「生計を一にしている親族」とは…
3親等以内の姻族
配偶者
6親等以内の血族
＋
別居の家族の分も
領収書を合算できる
仕送りをしている
大学生の子供
仕送りをしている親
など
家族で対象となる領収書を集めて最大限の還付を受けよう

7 医療費は最大200万円まで控除される

医療費控除は、**200万円が限度**です。

さすがに、そんなにはかからないでしょう！　何かの病気で手術をしたとしても、健康保険が使えれば、実質的にはそこまでは必要じゃないはず。

そうとも限りませんよ。歯医者のインプラント治療などは、1本あたりの治療費がおおよそ40万円なので、年間の総額はすぐに100万円単位になります。中には200万円を超えてしまうケースもあります。

ああ、そういえば親がインプラントにしてました。あれって、そんなにかかるんだ！

自由診療は健康保険が適用されませんから、高額になりがちです。要注意ですね。自由診療は基本的に医療費控除の対象外なのですが、インプラントその他のいくつかについては控除対象になります。

大きな手術でなくても「医療費」はけっこうかかる

医療費控除の額

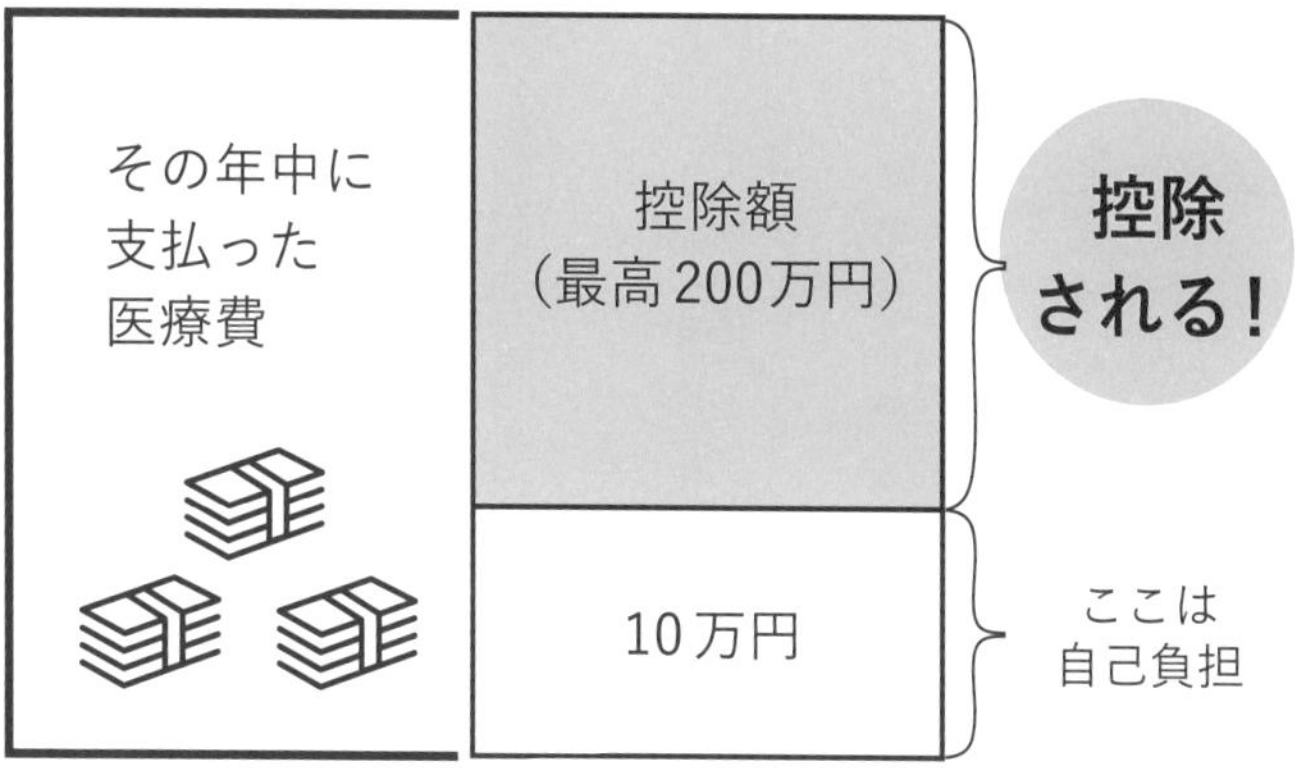

治療費が高額になるケース

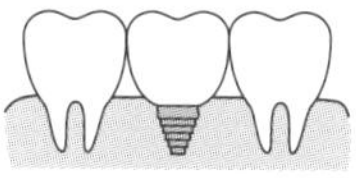
歯の
インプラント治療

目の
レーシック治療

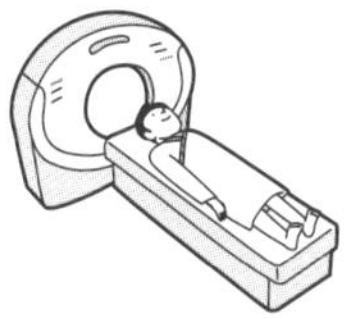
先進医療

健康保険が適用されない自由診療に多い

細かな条件があるので要注意

※受取保険金等は医療費より減額される
※足切額10万円は一定の低所得者なら軽減される

医療費でできる控除まとめ

ここまで見てきた医療費に関する制度は、数ある所得控除の中でも筆頭格でしょう。**年間の医療費の合計が10万円を超えた場合に、税金が戻ってくる**という制度です。しかも、給与所得が200万円未満の人は、**医療費が10万円未満でも税金が還付になる可能性もあります**。すべての会社員の方にとって、とても身近で利用しやすい制度なので、ぜひ活用してください。

ただ、予防注射や健康診断などは、あくまでも予防であり「治療」ではないので、残念ながら医療費控除の対象にはなりません。美容整形なども治療とは言えないので、対象にはなりません。

これらの制度を利用するにあたって大事なのは、日々の積み重ねです。かさばる領収書やレシートなどをとっておくのは地味な作業ではありますが、領収書はお宝ですから、捨てずに年末までとっておきましょう。

病院などの
領収書

市販薬の
領収書

**とって
おこう**

処方薬の
領収書

ドラッグストアの
レシート

まとめて控除に使おう

どちらかを利用できる

医療費控除

10万円を超えた分から
最高200万円

総所得金額が200万円未満なら
医療費が10万円未満でもOK

**セルフ
メディケーション
制度**

1万2,000円超

最高8万8,000円

範囲は広い

同居している
家族の分も
まとめられる

一緒に住んでいない
人の分もまとめられる
可能性がある

ただし

- 健康診断
- 予防注射
- 美容整形

→ 「治療」ではないので
対象外

1 「ふるさと納税」はやらなきゃ損

「ふるさと納税」、利用していますか？

気になってはいるんですけど、まだですね。だって、色々と手続きが必要ですよね？　あと、「納税」って言葉がなにかこう避けたいというか……。

それはもったいない！　たしかに、いったんは寄附金を支払う必要があるので、金銭的に得になるわけではありません。ですが、寄附をすることで、寄附先の自治体から返礼品を受け取れて、**実質的には「返礼品の価額－2000円」の得になる**のです！

は、はい、分かりました。

共働きで、配偶者も年間給与が550万円だったとすると、なんと年間約13万8000円もふるさと納税に使えてしまうのです！　独身の場合は、年間給与550万円で、約6万9000円を使うことができます。ぜひ利用しましょう！

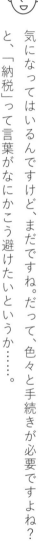

絶対お得！
実質2,000円で手に入る返礼品
返礼品の例
熟成牛肉1.7kg
1万1,000円
旬の季節に届く
高級フルーツ
各1万円
タラバガニ1.7kg
1万1,000円
実質
2,000円の負担で
全国の特産品等が
手に入る！
お米の定期便
6回分
3万8,000円
野菜セット定期便
6回分
3万円
品切れになる人気返礼品も多いので
利用は余裕を持って計画的に
…共働き夫婦で、年収がそれぞれ550万円の場合…
6万9,000円
6万9,000円
年間4万1,400円
の「みなし節税」になる
（返礼品の返礼率を30%と仮定）
10年続ければ、41万4,000円の現金が残る

2 ふるさと納税の寄附上限額と節税額は人によって変わる

先生がふるさと納税推しなのは分かりました。やってみようと思います。とはいっても、あれって意外に複雑でしょう？　人によってお得になる金額が違ったり……もう少し細かく教えてもらえませんか？

たしかに、**得になる寄附額や節税額は年収や家族構成によって変わる**ので、複雑といえば複雑ですね。

自分の場合は年収５５０万円で、寄附の上限額は約６万円になりますかね。妻も同じ額になるんですか？　しかし、独身の人はなんだか上限額が多いですね？

年収が同じでも、子供をどちらにつけるかで上限額は変動します。ちなみに独身の方は、もともとの税金の額が、家族がいる世帯に比べて少し割高なんです。なので、減る割合も少し多いんです。家族連れが損をしているというわけではないので、安心してください。

寄附をするとお得になる上限額はどのくらい？

上限額の目安例

独身

年収300万円

年間
2万8,000 円
の寄附ができる

年間
8,400 円程度
の返礼品がもらえる

共働き夫婦

どちらも
年収500万円

1人あたり年間
6万1,000 円
2人分で
12万2,000 円
の寄附ができる

1人あたり年間
1万8,300 円
2人分で
3万6,600 円
の返礼品がもらえる

共働き夫婦

どちらも
年収600万円
＋
子1人（高校生）

夫6万9,000円
妻7万7,000円
2人分で
14万6,000 円
の寄附ができる

夫2万700円
妻2万3,100円
2人分で
4万3,800 円程度
の返礼品がもらえる

次のページの表で自分の寄附上限額を確認できます

ふるさと納税額の目安

共働き＋子１人（大学生※）	夫婦＋子１人（高校生）	共働き＋子２人（大学生と高校生）	夫婦＋子２人（大学生と高校生）
15,000	11,000	7,000	-
18,000	14,000	10,000	3,000
22,000	18,000	13,000	5,000
25,000	21,000	17,000	8,000
29,000	25,000	21,000	12,000
33,000	29,000	24,000	16,000
37,000	33,000	28,000	20,000
40,000	36,000	32,000	24,000
44,000	40,000	36,000	28,000
49,000	44,000	40,000	31,000
57,000	48,000	44,000	35,000
61,000	56,000	48,000	39,000
66,000	60,000	57,000	43,000
70,000	64,000	61,000	48,000
74,000	68,000	65,000	53,000
78,000	73,000	70,000	62,000
83,000	78,000	75,000	66,000
88,000	82,000	79,000	71,000
106,000	87,000	84,000	76,000
111,000	105,000	89,000	80,000
116,000	110,000	107,000	85,000
122,000	116,000	112,000	90,000
127,000	121,000	118,000	108,000
132,000	126,000	123,000	114,000
138,000	132,000	128,000	119,000
144,000	138,000	135,000	125,000
150,000	144,000	141,000	131,000
157,000	151,000	147,000	138,000
163,000	157,000	153,000	144,000

※「高校生」は16～18歳の扶養親族、「大学生」は19～22歳の特定扶養親族を指す
（総務省「全額控除されるふるさと納税額（年間上限）の目安」より）

		独身または共働き	夫婦（妻は専業主婦）	共働き＋子1人（高校生※）
ふるさと納税を行う方本人の給与収入	300万円	28,000	19,000	19,000
	325万円	31,000	23,000	23,000
	350万円	34,000	26,000	26,000
	375万円	38,000	29,000	29,000
	400万円	42,000	33,000	33,000
	425万円	45,000	37,000	37,000
	450万円	52,000	41,000	41,000
	475万円	56,000	45,000	45,000
	500万円	61,000	49,000	49,000
	525万円	65,000	56,000	56,000
	550万円	69,000	60,000	60,000
	575万円	73,000	64,000	64,000
	600万円	77,000	69,000	69,000
	625万円	81,000	73,000	73,000
	650万円	97,000	77,000	77,000
	675万円	102,000	81,000	81,000
	700万円	108,000	86,000	86,000
	725万円	113,000	104,000	104,000
	750万円	118,000	109,000	109,000
	775万円	124,000	114,000	114,000
	800万円	129,000	120,000	120,000
	825万円	135,000	125,000	125,000
	850万円	140,000	131,000	131,000
	875万円	146,000	137,000	136,000
	900万円	152,000	143,000	141,000
	925万円	159,000	150,000	148,000
	950万円	166,000	157,000	154,000
	975万円	173,000	164,000	160,000
	1000万円	180,000	171,000	166,000

3 「ワンストップ特例」を利用すれば確定申告をしなくていい

返礼品というお楽しみの後には、申告が必要になります。本来は「確定申告」という作業が必要になるのですが、今は「**ワンストップ特例**」という制度があり、これだと、寄附先の自治体に書類を1通送るだけでいいのです。なんて簡単なんでしょう！

はあ。

ただ条件がありまして、納税先の自治体数が**1年間で5つ以内**の場合に限られます。

たぶん僕も5件以内だからそれは問題ないかな。寄附金額にも上限があるし、うっかり上限オーバーをやらかして高い買い物をしちゃっても困るし。

そういう方は多いです。具体的な手続きとしては、自治体から送られてくる申請用紙に、住所・氏名・寄附金額などを記入し、マイナンバーカードや個人番号通知書の写し等を同封して返送すれば完了です。簡単ですね。

手続きが簡単な ワンストップ特例を使う条件

以下の両方を満たすときに利用できる

1年間に寄附した自治体数が**5つ以下**

6箇所以上になると確定申告が必要

確定申告をする必要がない

一般的な会社員なら該当する

ワンストップ特例の手続きの流れ

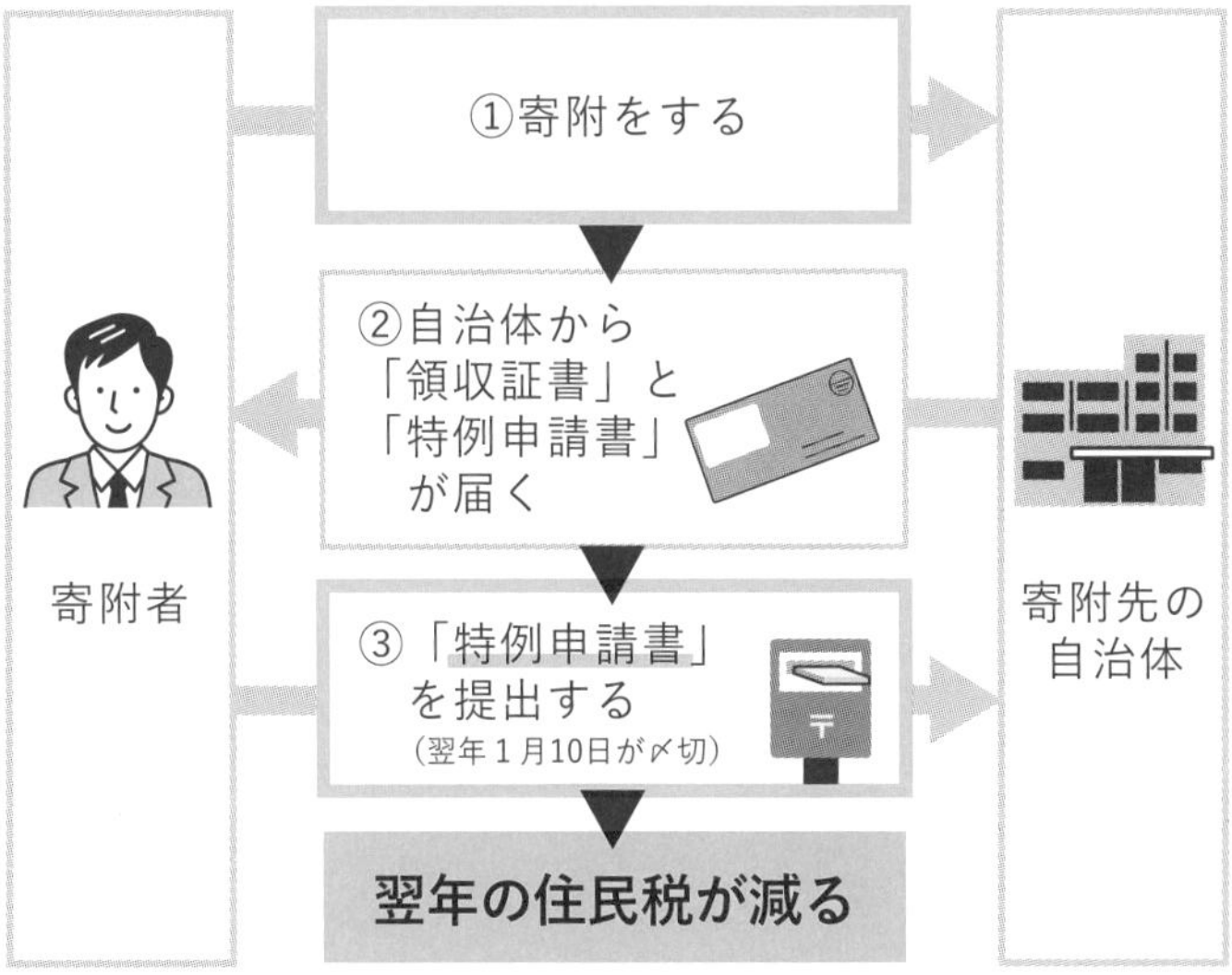
寄附者
①寄附をする
②自治体から「領収証書」と「特例申請書」が届く
③「特例申請書」を提出する
（翌年1月10日が〆切）
翌年の住民税が減る
寄附先の自治体

ふるさと納税まとめ

ふるさと納税は、実質的には「返礼品が実質的に2000円で手に入る」という、いわゆる「みなし節税」の制度です。

「みなし」というのは何かというと、会社員が実際に支払うお金の額が減るわけではなく、「**ふるさと納税額の3割相当の品物が手に入る**」という形での節税だからです。この点が少し分かりにくいため、利用を迷う方もいるかもしれませんが、全体的に見ると、ふるさと納税はとてもお得です！　利用をおすすめします。

期間は、毎年1月1日から12月31日までです。とはいえ、年末になると人気の高い返礼品は完売していきます。返礼品選びは楽しいのでつい時間をかけてしまいますが、締め切り間近になるとあせってしまい、「よく考えればそんなに欲しくなかった」という返礼品を手にしてしまいがちです。**時間に余裕を持って、上限額に気をつけつつ、納得できる返礼品を選びましょう。**

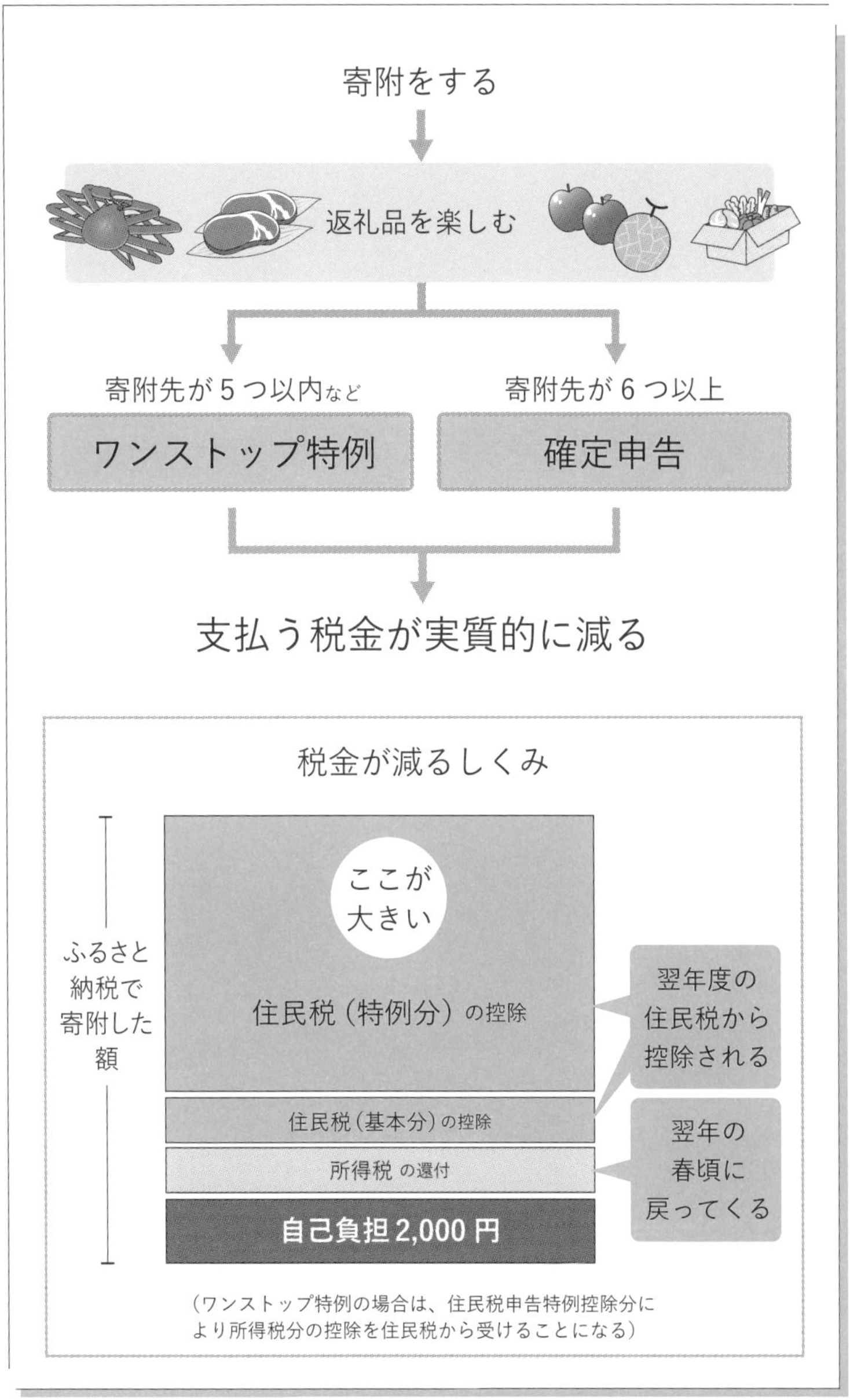
寄附をする
返礼品を楽しむ
寄附先が5つ以内など
ワンストップ特例
寄附先が6つ以上
確定申告
支払う税金が実質的に減る
税金が減るしくみ
ふるさと納税で寄附した額
ここが大きい
住民税（特例分）の控除
住民税（基本分）の控除
所得税 の還付
自己負担2,000円
翌年度の住民税から控除される
翌年の春頃に戻ってくる
（ワンストップ特例の場合は、住民税申告特例控除分により所得税分の控除を住民税から受けることになる）

1 生命保険料控除①

生命保険料控除は3倍お得

保険料の掛け金として支払った金額の一部は控除されます。これは実践されている方も多いかもしれませんね。

はい、僕は、子供が生まれたときに入った保険の掛け金分をずっと控除してます。手続きも簡単で、保険会社から送られてくる証明書を、会社で提出する書類に添付すればいいだけですしね。

ちなみに、保険にはいくつ加入していますか？

「**生命保険**」と「**介護医療保険**」の2つです。

惜しい。保険料控除には3つの区分があって、もうひとつ「**個人年金**」というのがあります。それぞれ別の枠で節税できるので、あともうひとつでコンプリートですよ。せっかくの控除枠ですから、3倍お得に節税できるようにしたいですね。

3種類の保険に入っていれば控除枠を最大限活用できる

① 一般の生命保険料

最大
4万円
控除される

・定期保険
・終身保険
・死亡保険
・学資保険など

② 個人年金保険料

最大
4万円
控除される

・要件に該当する
個人年金保険

③ 介護医療保険料

最大
4万円
控除される

・医療保険
・がん保険
・介護保障保険など

① 4万円 ＋ ② 4万円 ＋ ③ 4万円 ＝ **最大 12万円** 控除される

※自動車保険などは控除の対象外

2 生命保険料控除②

保険料全額が常に控除されるわけではない

年末になると会社で書類を渡されて、それで「保険の証明書を出せ」ってしつこく言われるので、保険の控除だけは忘れないんですよね。

ちゃんと言ってくれるなんて、良い会社ですね。書類というのは、「給与所得者の保険料控除申告書」のことでしょう。

でもちょっと不満があって、支払った保険料の全額じゃなくて、**一部しか使えない**じゃないですか。謎の計算式もあるし。あれ、何とかならないんですか？

たしかに、左の表のように、2万円までの保険料は全額控除されるのですが、それを超えると控除が減っていって、支払っている保険料が8万円以上になってようやく満額の4万円を控除できるようになります。微妙にハードルが高いですよね。

そうなんです。とはいえ、控除のために8万円は払えないので、できる範囲でやります。

保険料と控除額の微妙な関係

年間の保険料	控除額の計算式
20,000円以下	**全額控除**
20,001円以上 40,000円まで	計算式 支払保険料 ÷2＋10,000円
40,001円以上 80,000円まで	計算式 支払保険料 ÷4＋20,000円
80,001円以上	**40,000円 控除**　ここで最大の4万円控除できる

全額が常に控除されるわけではない

3 地震保険料の控除は生命保険などとは別枠で控除できる

地震保険には加入されていますか？

はい、地震、増えてますからね。節税的には、地震保険料は生命保険料と別枠なんですね。

そうですね。「**地震保険料控除**」といって、その年中に支払った地震保険料の金額の合計額（最大5万円）を、**ストレートに所得から控除できる**、うれしい制度です。生命保険料等のときにあった”謎の計算式“は、ここにはありません。

これについては、できることはやってる感じですね。他に何かできることはありますか？

いくつかありますよ。保険の対象を建物のみにしている方が多いんですが、建物の中の家財も対象にできるので、家財も含める形で契約を見直してみてもいいかもしれません。あとは、積立タイプの保険に加入すれば、満期時には解約返戻金が戻ってくるので、加入を検討してもいいでしょう。

「万が一」のための対策でも節税できる

偶然の事故等による損害をてん補する保険

（外国の損害保険会社等と国外で締結したものは除く）

農協・漁協・生協等の火災共済・建物更生共済・自然災害共済等

財務大臣の指定した火災共済、自然災害共済等

▼

地震保険料の合計額 ＝ 控除額

最大５万円

さらなる有効活用のための工夫

補償の対象を変更する

「建物のみ」

▼

『建物と家財』

など

積立タイプにする

満期時の解約返戻金がうれしい

保険料に関する控除まとめ

生命保険、医療保険、地震保険など、何らかの保険に入っている会社員の方は多いと思います。ふだん支払っている保険料が控除対象になっているという、お得な控除です。作業としても、年末調整の書類を1枚、会社の担当者に提出するだけなので、お手軽にできます。

ひとつだけ注意する必要があるのは、毎年10月頃から年末にかけて届く**「生命保険料控除証明書」をなくさない**ことです。保険料を支払ったという証明書がないと、控除はできません。再発行は可能ですが、時間と手間がかかるので、書類提出の期限に間に合わなくなってしまうかもしれません。証明書は金券だと思って大事に保管し、書類に添付して提出しましょう。

ちなみに、自賠責保険など自動車関連の保険は、残念ながら控除の対象ではありません。

生命保険料控除

一般の生命保険料

・定期保険
・終身保険
・死亡保険
・学資保険など

個人年金保険料

・個人年金保険
（払込期間10年以上など
一定の要件が必要）

介護医療保険料

・医療保険
・がん保険
・介護保障保険など

保険料
20,000円以下
＝
全額控除

保険料
80,001円以上
＝
40,000円

控除上限は
それぞれ
40,000円

▼

合計最大
12万円
控除される

地震保険料控除

地震保険・共済・
火災保険・火災共済　など

補償対象は 『建物のみ』 『家財のみ』 『建物と家財』

保険料
＝
控除額

最大
5万円
控除される

1 「社会保険料控除」は一点集中させよう

ここで、社会保険について少し言及します。今回、所得税と住民税に絞ってお話をしているのは、社会保険料について、個人ができることはあまりないからです。でもひとつ、**節税に活用できるところがあります**。

社会保険料！　たしか税金よりも高額でしたよね。安くできるならやります！　どうすればいいんですか？

はい。左のページを見てください。社会保険料には、左のようなものがあります。この中で、**家族の分をあなたが支払っているもの**はありませんか？　おそらく世帯内で一番税率の高いあなたに、これらの社会保険料を一点集中させれば、いきなり**数十万円単位の社会保険料控除の増額に成功**です。

両親の介護保険料を支払ってます！　これは助かります！

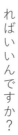

「社会保険料控除」は一点集中させよう

「家族の分を自分が払っている」というものはありませんか？

↓

社会保険料の種類
健康保険料（任意継続含む）
国民年金保険料
国民健康保険料（個人事業者等が対象）
後期高齢者医療保険料
厚生年金保険料
厚生年金基金掛金
介護保険料（第一号被保険者）
雇用保険料

ほか

親や子供の分を払っているかも？

親の分を払っているかも？

忘れていないか？

家族の分の支払いが50万円

↓

会社員が10万円の節税になる

（税率20%として計算）

2 寄附したお金を所得控除・税額控除できる

「寄附による控除といえばふるさと納税」という雰囲気の昨今ですが、他にも所得控除の対象となる寄附金はあります。ここではそれらを紹介します。

寄附なんて縁がないですけど、将来大金持ちになったら寄附しまくるかもしれないから、一応聞いておきます。

ぜひ聞いてください。まず、寄附先はある程度絞られています。「推しのアイドルに寄附したから節税！」とはいきません。そして、所得から控除できる金額は「**寄附金－2000円**」。ただし、給与以外に収入がない会社員の場合は給与所得の40％が限度です。

そりゃ節税できませんよね。節税に使える寄附先は……あっ、知ってる名前がある！
そういえば今年、少しだけ寄附したんでした！

最近は国内・海外ともに災害や戦争など、色々ありますからね。

意外に身近かも？
激動の時代の寄附金控除

控除限度額 ＝ 寄附額 － 2,000円
（課税標準合計額の40％が限度）

10万円の寄附をしたら…

給与所得が
約400万円の
会社員

10万円 － 2,000円 ＝ 9万8,000円の**所得控除**が可能

さらに

献金先が以下のときは…

公益社法人等への寄附

・公益社団法人
・公益財団法人
・学校法人
・社会福祉法人
・更生保護法人
・特定公益増進法人　など

認定NPO法人 ＋特例認定NPO法人 への寄附

・中央共同募金会
・国境なき医師団
・国連UNHCR（難民高等弁務官）など

「内閣府NPOホームページ」で確認可能→

特定の政治献金

・所属国会議員が5人以上の政党
・政治資金団体
・国会議員が主宰する政治団体
・資金管理団体　など

10万円の寄附で…**3〜4万円**程度の**税額控除**が可能
（182ページ参照）

3 海外赴任者は「外国税額控除」を使おう

最近はグローバルな仕事も増えましたね。僕の同僚も「でっかい仕事をするぜ」って海外に行っちゃいました。そんなに長期ではないんですが、さみしいもんですね。

その方、海外赴任が1年未満なら、税金が戻ってくるかもしれませんよ。海外「居住者」は、「**外国税額控除**」を利用すれば、税金が戻ってきます。

海外に住んでいることが理由で、税金が控除されるんですか？

居住者が海外で働いて現地で税金を支払ったときは、日本国内の本社でも所得税等の源泉徴収が行われます。そうすると、同一の給与所得に対して二度課税されることになります。いわゆる「二重課税」です。この二重に課税された税金の一部を、申告することで返してもらうのです。

取りすぎた分を返してくれるってことなんですね。友人が帰国したら教えてあげます！

二重課税を防ぐために税金が一部還付される

所得税法上の「居住者」とは?

海外赴任が1年未満

海外赴任が
1年以上になる人は
「非居住者」となる

控除限度額

その年分の所得税額 × 国外での所得金額 ÷ 所得総額

国内での給与も含めた「所得総額」が600万円の会社員の場合…

その年分の所得税額20万円 × 国外での所得金額300万円 ÷ 所得総額600万円 ＝ 10万円の税額控除が可能

さらに

外国株式の配当金について
国外で税金を支払っている
場合も利用できる

外国株式を持っている人は要チェック

117ページ

地震保険料の補償対象になる「家財」とは…

家具類

机・いす・食器棚・たんすなど

電気器具類

冷蔵庫・洗濯機・電子レンジ・テレビ・パソコン・掃除機など

食器陶器類

食器・調理器具・陶器置物・食料品など

身の回りの品

書籍・靴・かばん・カメラ・レジャー用品など

衣類寝具類

衣類・ベッド・布団など

契約を見直してみよう

建物のみ → 建物 ＋ 上記のような家財

かなりのものが補償されるので、支払う保険料や安心度を考えて、上手に利用しましょう

4章
大きな出来事があったときに利用できる控除

1
家を買ったら「住宅ローン控除」

会社員の節税手段の中で、効果の大きさや活用頻度で一、二を争うのが、この「**住宅ローン控除**」制度です。

来た！　これは僕もいずれ使いたいと思ってます。家のローンがあると税金が安くなるんですよね。

ざっくり言うとそんな感じですね。もう少し厳密に言うと、「個人が住宅ローン等を利用してマイホームの新築、取得または増改築等をした場合に、住宅ローン等の年末残高を基礎とした金額をその年分の所得税や住民税より控除できる制度」です。

具体的にはどのくらい税金が安くなるものなんですか？

新築であれば、**住宅ローン等の年末残高の0・7％を、13年間にわたって、最大273万円減税されます**。シミュレーションを左下に載せておきますね。

節税の王道
最大13年間控除し続けられる

正式名称は「住宅借入金等特別控除」

新築

住宅ローンの年末残高 × 0.7% × 13年 → **税額控除**できる

（～2023年末）

適用の要件

1
借入限度額は
新築が3,000万円
中古が2,000万円
（～2023年）

2
合計所得金額が
2,000万円
以下

3
控除期間は
新築等は原則13年
中古は原則10年

4
入居時期は
2025年末
まで

5
最大減税額は
273万円

6
床面積
50㎡以上
（例外あり）

3,000万円以上の住宅ローンの残高が13年間続く場合

3,000万円 × 0.7% × 13年 ＝ **273万円**の減税になる

2

「認定住宅」ならさらに減税額が増える

さらに、特例として減税額が増えるケースもあります。対象の住宅が「**認定住宅**」などに該当する場合です。

認定住宅か。なんか、建てるのにお金がかかりそうなイメージですね。でも、どうせ家を建てるなら、この認定住宅に該当させて、節税したいですね。長期的に見ればその方がお得そうだし。

将来的には**バリアフリー**なども視野に入ってきますしね。そのためには、住宅の設計段階からその旨を、ハウスメーカーや工務店等に伝えておくといいですよ。

一度建てちゃったら改修するのは大変ですからね。適用の条件を見たら、耐震性とか省エネとか、大事な項目もあるんですね。最初からそのつもりで考えておけば、けっこう利用できそうな気がしてきました。

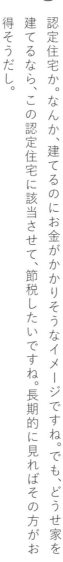

省エネ・バリアフリー化などで減税額が増える

認定住宅とは…

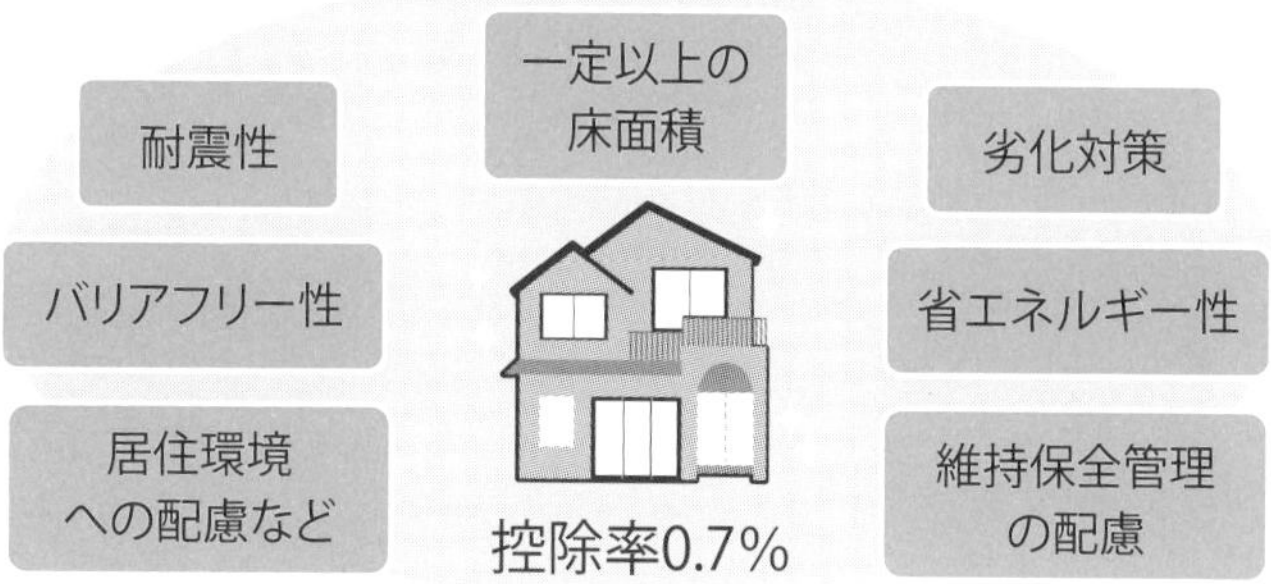

控除対象借入限度額（住宅の性能・入居時期によって変わる）

新築住宅・買取再販住宅※1（控除率0.7%・控除期間13年）		
住宅の環境性能等	2023年入居	2024・2025年入居
長期優良住宅・低炭素住宅	5,000万円	4,500万円
ZEH水準省エネ住宅※2	4,500万円	3,500万円
省エネ基準適合住宅	4,000万円	3,000万円
その他の住宅	3,000万円	0円

既存住宅（控除率0.7%・控除期間10年）	
住宅の環境性能等	2023～2025年入居
長期優良住宅・低炭素住宅 ZEH水準省エネ住宅 省エネ基準適合住宅	3,000万円
その他の住宅	2,000万円

（国土交通省ホームページより）　※1 業者がリフォーム・リノベーションをして販売する物件　※2 日本住宅性能表示基準における断熱等性能等級5以上かつ一次エネルギー消費量等級6以上の性能の住宅

3 住宅ローン控除を100%活用する「連帯債務」と「扶養親族の付け替え」

住宅ローン控除は減税累計額がかなり大きいため、満額使い切ることができずに、**切り捨て損**が発生するケースが多発しています。筆者が見た限り、10万円や20万円の切り捨てなど珍しくありません。

せっかく使える枠なのに、もったいないですね。何か防ぐ方法はありますか？

色々ありますが、代表的なものとしては「**連帯債務**」と「**扶養親族の付け替え**」が挙げられます。前者は夫婦2人で住宅ローン控除を利用して2倍活用する方法、後者は生計を一《いっ》にする親族の間で、住宅ローン控除対象者の扶養親族を別の親族に付け替える方法です。こうすることで、扶養親族を付け替えた側の親族の税金も減らせます。

ダブルでメリットがあるということですね。いざというときにそういう方法がとれるように、親族とちゃんと交流しておかないと……。

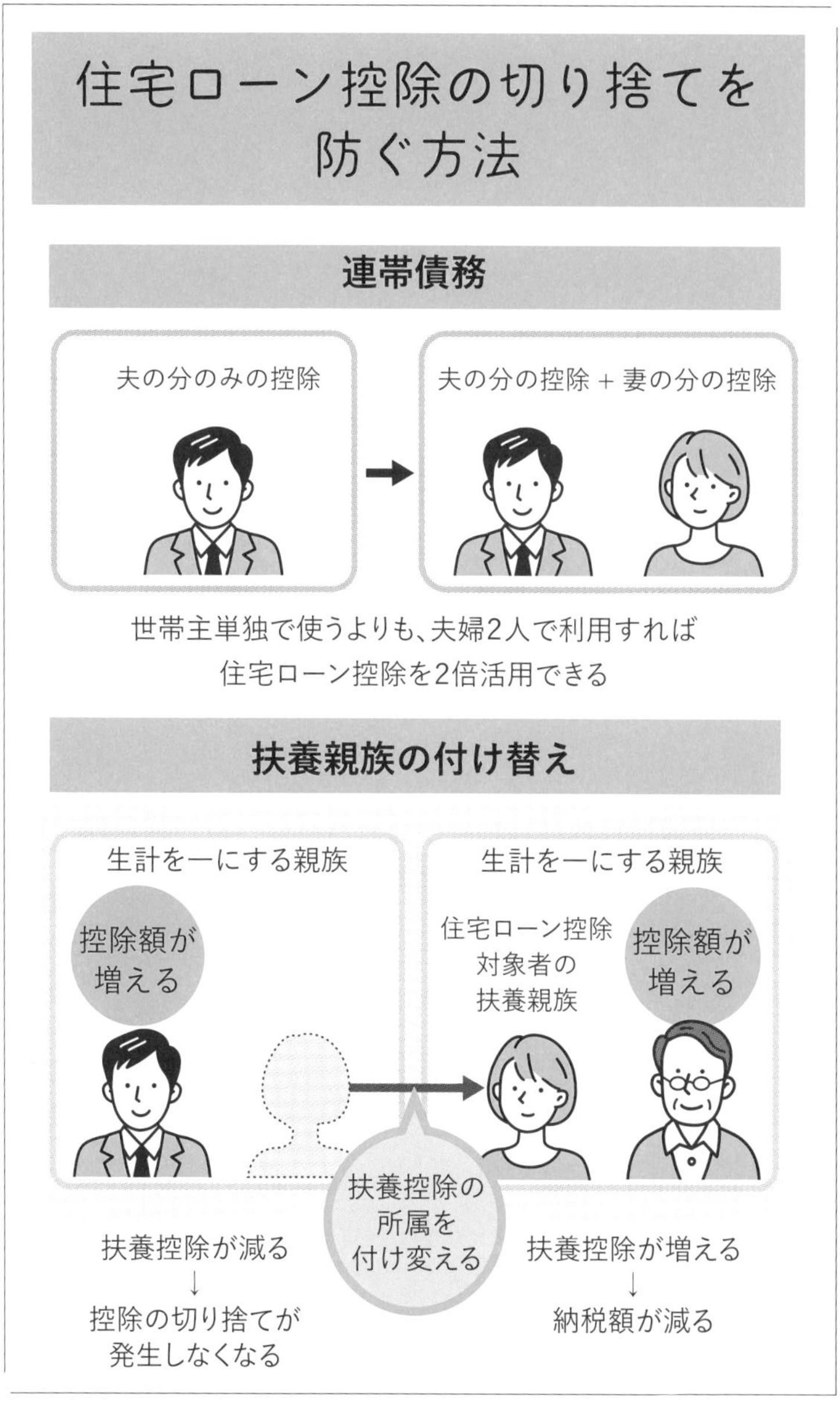
住宅ローン控除の切り捨てを
防ぐ方法
連帯債務
夫の分のみの控除
夫の分の控除＋妻の分の控除
世帯主単独で使うよりも、夫婦2人で利用すれば
住宅ローン控除を2倍活用できる
扶養親族の付け替え
生計を一にする親族
控除額が
増える
生計を一にする親族
住宅ローン控除
対象者の
扶養親族
控除額が
増える
扶養控除の
所属を
付け変える
扶養控除が減る
↓
控除の切り捨てが
発生しなくなる
扶養控除が増える
↓
納税額が減る

4 住宅改修の費用も控除できる

住宅も、人と同じで、時間が経てば傷《いた》みが増えてきます。改修が必要になってきますが、それなりの金額がかかります。

なんだか切ないですね。

そうですね。ですが、住宅改修の際にも節税は可能です。「転んでもタダでは起きぬ！」の精神で、資金の回収を図ろうではありませんか。

おお、頼もしい。もしかしたら今後、親の家を改修して住むことになるかもしれないから、聞いておきたいです。

住宅の増築、改築ないしは改修を行った場合に受けられる税額控除（182ページ参照）は意外に多いんです。「**住宅改修特別控除**」といいまして、左の表で一部を紹介しました。なお、適用を受ける際は**細かい適用要件等を満たす必要がある**ので、注意が必要です。

条件クリアで控除を目指そう

〜2023年（租税特別措置法施行令により随時変動）

耐震改修工事をした時（住宅耐震改修特別控除）

1981（昭和56）年
5月31日以前に
建築された家屋に
耐震改修をした時

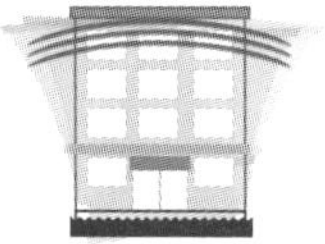

標準的な費用×10%
＋一定額
（最高62.5万円）

バリアフリー改修工事をした時（住宅特定改修特別税額控除）

標準的な費用×10%＋一定額
（最高60万円）

省エネ住宅改修工事をした時（住宅特定改修特別税額控除）

標準的な費用×10%＋一定額
（最高67.5万円）

耐久性向上改修工事をした時（住宅特定改修特別税額控除）

標準的な費用×10%＋一定額
（最高80万円）

多世帯同居改修工事をした時（住宅特定改修特別税額控除）

標準的な費用×10%＋一定額
（最高62.5万円）

5 家を売るときに使える「3000万円控除」

家を買うときの話が出たので、売却のときのお話もしましょう。住宅関連は動くお金の額が大きいですから、売却時にも節税意識は大切です。

家を手放すのに、税金がかかっちゃうんですか？

売却によってお金が手に入りますからね。税制上では売却額に「**譲渡所得税**」がかかるんです。それを、工夫によって減らそうというお話ですね。

大事な話ですね。

じつは売却物件が居住用の住宅である場合に限り、高額の税金がなんとゼロになる特例が設けられているのです。それが「**居住用財産の3000万円控除**」の特例です。確定申告を行うことによって、譲渡益が最高3000万円まで納付不要になるのです。ご自宅を売却する話が出たときは、この特例を頭の片隅に置いて、交渉を進めてください。

住宅の売却にかかる税金は ゼロにできる

譲渡所得税がかかる場合

所有期間５年以内の
短期譲渡
39.63％

税率

所有期間５年超の
長期譲渡
20.315％

居住用の住宅なら

譲渡益 3,000万円まで
税金を払わなくていい

正式名称は「居住用財産を譲渡した場合の 3,000 万円の特別控除の特例」

節税の例

売却額 6,000 万円
譲渡原価 3,000 万円 の場合…
（取得価額－減価償却額＋譲渡費用）

短期譲渡なら
1188.9 万円

長期譲渡なら
609.45 万円

もの節税になる！

6 子供が家を建てるための資金なら贈与税を0円にできる

最近は、お子さんが家を新築するための資金を親が出すケースも多いですが、そんなときも節税です！　贈与にかかる税金を0円にする方法があります。

じつは親からそれっぽい話を聞いたことがあるんです。「そろそろ自分の家を持ったらどうだ？　金のことなら協力してやる」って。僕よりも親の方がお金持ちですしね。ありがたいんですけど、そうすると**贈与税**がかかるんですよね？

基本的にはそうですね。ただ、資産に余裕のあるシニア世代から現役世代への贈与は、住宅に限らず、近年とても多くなってきました。そのこともあってか、**贈与テクニック**はバラエティに富んでいます。住宅資金の贈与に限らず、節税チャンスは常にあります。工夫次第で大きなお得になるので、代表的なテクニックをいくつか左に挙げておきますね。

併用できるものもあるんですね。研究しがいがありそうです！

あなたが使える贈与テクニックがあるかも？

税金がかからない贈与の方法

住宅取得等資金の贈与	500万～1,000万円まで非課税
暦年課税	1人年間 110万円まで非課税
相続時精算課税	1人あたり 2,500万円まで非課税
教育資金一括贈与	1人あたり 1,500万円まで非課税
結婚子育て資金一括贈与	1人あたり 1,000万円まで非課税

贈与テクニックの関係図

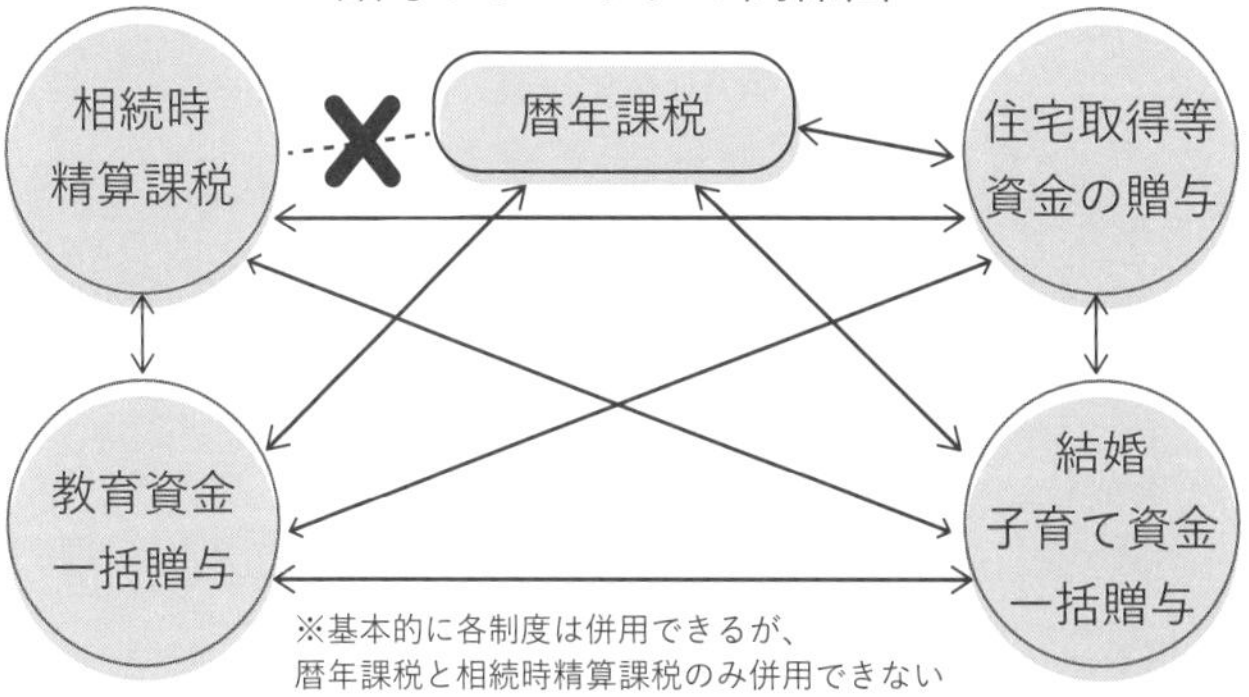

※基本的に各制度は併用できるが、
暦年課税と相続時精算課税のみ併用できない

住宅関連の控除まとめ

会社員にとって、住宅の売買は大きなイベントです。人生で何度もあることではないかもしれませんが、住宅に関する金額はやはり大きいので、頑張りがいがあるタイミングと言えます。「買うとき」「改修するとき」「売るとき」のポイントをそれぞれ左にまとめました。

なお、**2024年1月以降に建築確認を受けた新築住宅で、省エネ基準を満たしていない新築住宅は、住宅ローン控除を受けられなくなります**。さらに2025年からは、原則としてすべての新築住宅に省エネ基準に適合することが義務化されます。今後の住宅にとって、省エネ性能は必須ということですね。

そのかわり、省エネ性能等が高い住宅であれば、住宅ローン控除が適用される借入限度額が上がっていきます。2024年移行に家を新築・購入する予定のある方は、資金の許す範囲で大きな控除額を狙っていきましょう。

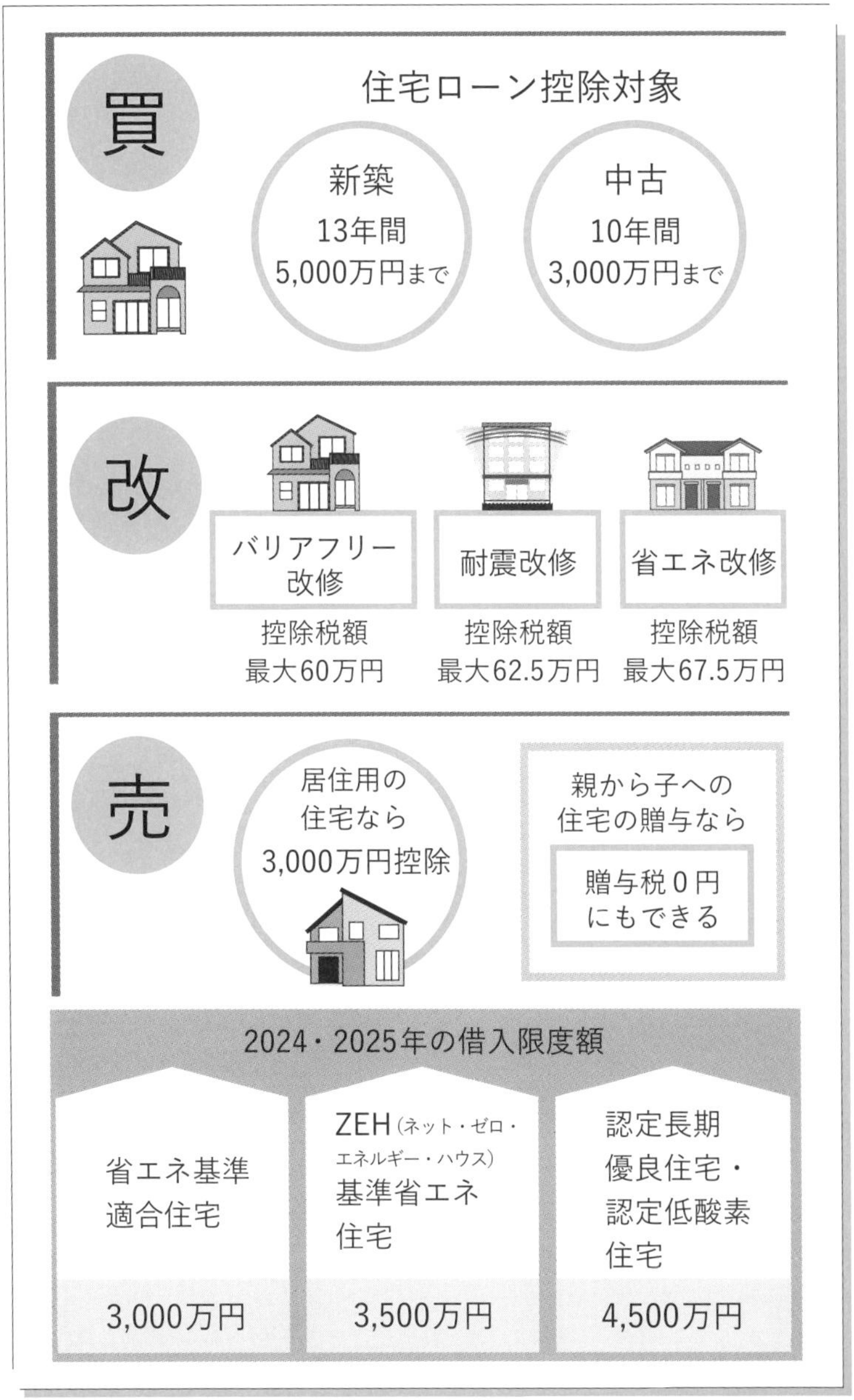
買
住宅ローン控除対象
新築
13年間
5,000万円まで
中古
10年間
3,000万円まで
改
バリアフリー改修
控除税額
最大60万円
耐震改修
控除税額
最大62.5万円
省エネ改修
控除税額
最大67.5万円
売
居住用の住宅なら
3,000万円控除
親から子への住宅の贈与なら
贈与税０円にもできる
2024・2025年の借入限度額
省エネ基準適合住宅
3,000万円
ZEH(ネット・ゼロ・エネルギー・ハウス)基準省エネ住宅
3,500万円
認定長期優良住宅・認定低酸素住宅
4,500万円

1 控除額がケタ違いの「雑損控除」

所得控除には、これまで見てきたように色々なものがありますが、控除額としては数十万円程度のものが大勢を占めます。しかし「**雑損控除**」は、**控除額がケタ違いになる可能性があります**。

百万単位で控除されたら税金が0円になりそうですね。でも「雑損」って何なんですか？

盗難・横領・災害により、自分や家族の資産が損害を受けた場合に、一定額を所得から控除してもらえるのが雑損控除です。

ああ……それは控除してほしいですね。とはいっても、使うような状況にはあんまりなりたくないな。

発生した損失が要件にピッタリと当てはまるか否かが運命の分かれ目です。当てはまるのであれば、損失自体は仕方ないとしても、不幸中の幸いですね。

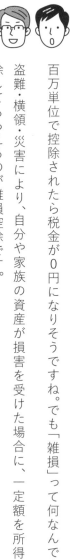

思わぬ損失は税金面である程度取り戻せる

①か②どちらか金額が大きい方が適用される

①

（損失の金額 － 受取保険金等）－ 総所得金額等 × 10%

②

災害関連支出の額 － 受取保険金等 － 5万円

（住宅の取壊し・原状回復費用など、災害に関連したやむを得ない支出）

奥さんに内緒でへそくりしてた
300万円が空き巣に盗まれちゃった…

年間給与
550万円

総所得金額等
396万円

保険金・
災害関連支出金
0円

この場合①を適用すれば…

（300万円－0円）－396万円×10%＝260.4万円

↓

260.4万円の雑損控除を受けられる

2 住宅家財の被害なら節税効果が高い「災害減免法」を利用できる

前項で見た雑損控除は、所有する資産に損害を受けた場合に受けられるオーソドックスな所得控除でしたが、それとは別にもうひとつ、この雑損控除によく似た「**災害減免法**」という制度もあります。

なんだか、こっちも利用する機会に遭遇したくない感じの名前ですね。

どちらも何らかの被害を受けたときの措置ですからね。ちなみに「災害減免法」は所得控除の方式とは異なり、直接的に**所得税の軽減免除**を受ける方式となっているので、雑損控除よりも格段に節税効果が上がる可能性があります。

でもその分、条件が厳しかったりするんじゃ？

その通りです。「災害減免法」の条件は、左のように、雑損控除よりもかなり狭くなっています。

火災・地震・台風などで被害が出たら検討したい

災害減免法

災害により ＋ 住宅または家財について ＋ 時価の50%以上の被害を受けた

場合に限定される

軽減免除は3段階

①所得税額の全額免除

合計所得金額500万円以下の場合

②所得税額の50%相当額を免除

合計所得金額750万円以下の場合

③所得税額の25%相当額を免除

高収入の会社員は対象から外れる

（合計所得金額1,000万円以下
給与収入なら約1,195万円以下）

［コラム］

退職金にも税金がかかる

会社員にとって、退職金は一生のうちで最大の現金を手にするチャンスです。しかし退職金にも税金はかかります。

退職金は、退職時に一時金で受け取る「①退職一時金」と、年金方式で受け取る「②退職年金」があります。

節税面でどちらがいいかというと、「退職一時金」です。非課税額は勤続年数が長いほど有利です。

とくに20年以上勤務した方であれば①の方がお得です。たとえば40年勤続した方の場合、非課税額を計算すると、2200万円となります。

つまり「①退職一時金」の場合、支給額がよほど大きくない限り、税金の心配はほぼ不要になります。

「②退職年金」にも税務上の控除がありますが、通常は年金分で控除額を使い切ってしまうでしょう。結果として、退職年金全額が課税対象となる可能性が大きくなります。ですので、基本的に「退職一時金」をおすすめします。

5章 資産運用や副業でできる節税

1 資産運用で得た利益にかかる税金を減らす方法

昨今は国の後押しもあって、もはや「資産運用ブーム」と言えるほどの状況ですね。

僕もそろそろ株とか始めてみようかと思ってます。銀行に預金しておいたって、ほとんど増えないですからね。それに、もしかしたら儲かるかもしれないし。

なにごとも試してみるのは良いと思います。では私から、良い情報をお伝えしましょう。

はい！　ぜひお願いします！

株式投資で手に入れた利益には、本来は**およそ20％の税金**がかかります。

ぜんぜん良い情報じゃないじゃないですか！

まあ続きを聞いてください。その**税金をゼロにする方法**をこれからご紹介します。

資産運用が必要な時代に知っておきたい節税法

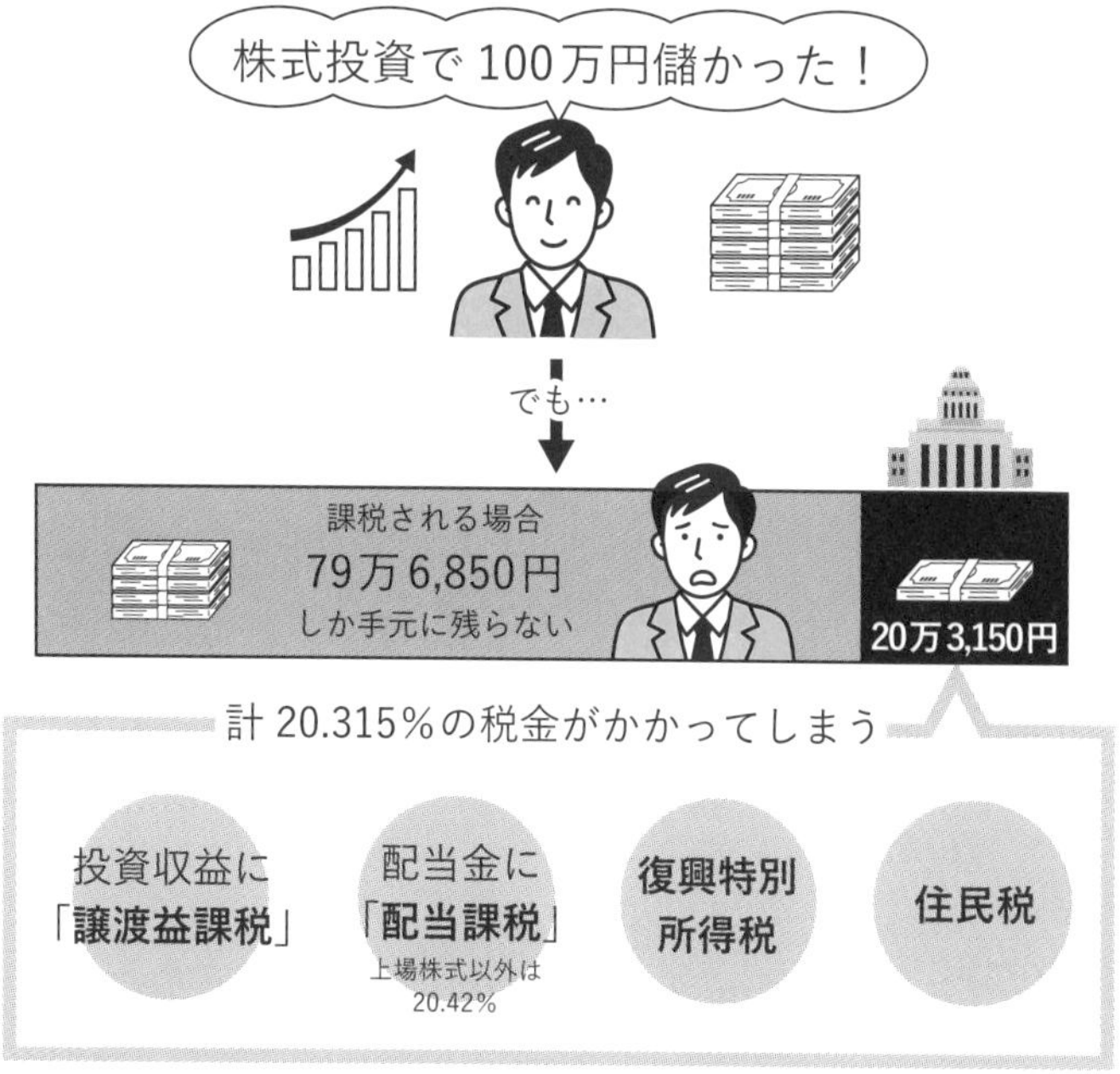
株式投資で100万円儲かった！
でも…
課税される場合
79万6,850円
しか手元に残らない
20万3,150円
計20.315％の税金がかかってしまう
投資収益に「譲渡益課税」
配当金に「配当課税」
上場株式以外は20.42％
復興特別所得税
住民税

税金がかからない資産運用方法もある！

NISA
（少額投資非課税制度）

利益が出ても非課税

→150ページ

iDeCo
（個人型確定拠出年金）

利益が出ても非課税

→152ページ

2

非課税で投資できる方法①
NISAで運用すればぜんぶ非課税

この単語は聞いたことがあるかもしれません。「**NISA**《ニーサ》（少額投資非課税制度）」は、国民に資産運用を促すために作られた資産運用制度で、これを利用して株式や投資信託を購入・保有・売却して出た利益は、**非課税**になります。

聞いたことあります。名前からして、この枠なら、税金を払わなくていいんですよね。

はい。しかも2024年から始まる新しい制度では、従来よりも非課税枠が増えました。生涯の「非課税保有限度額」として、**1800万円までの運用資金による利益はぜんぶ非課税**です！

それは良い情報ですね。でも、いいんですか？　そんなに大盤振る舞いしちゃって。

もしかしたら、国からの言葉にならないメッセージなのかもしれませんね。今後は自分で運用してお金を稼いで、自分で老後の資金をためる時代になりますよという……。

税金を払わなくてもいい うれしい非課税運用枠

NISAなら

利益はぜんぶ非課税

分配金が非課税

配当金が非課税

譲渡益が非課税

しかも2024年からは非課税枠が大きくなる

毎年の非課税枠 360万円

生涯の非課税枠 1,800万円まで

100万円儲かったら
100万円そのまま手に入る！

株式投資信託

REIT（不動産投資信託）

上場株式

ETF（上場投資信託）

3

非課税で投資できる方法②
iDeCoで年金を非課税で準備する

iDeCo《イデコ》とは「個人型確定拠出年金」の愛称で、会社員個人が自分で掛け金を拠出し、運用して、60歳以降に一時金や年金として受け取る制度です。いわば、自分で年金を増やしていこうという趣旨のものです。iDeCoの枠内では、**掛け金は所得控除の対象になる**上に、利益は**非課税**になります。

非課税！　いい響きですね。NISAと似てる気がしますけど、どう違うんでしょう。

iDeCoで使える運用方法には、定期預金・投資信託・保険など、比較的安全とされるものもあります。このあたりはNISAにはありません。あと、年金を準備するという名目の制度なので、**60歳までは原則としてお金を引き出せません**。

60歳まで！　じゃあ、当分使えなくてもいいお金を回さないと、のちのち困りそう……。

基本的に**年金制度**ですからね。掛け金の上限額は、人によって左の図のように違います。

自分で年金を準備するのにぴったりの制度

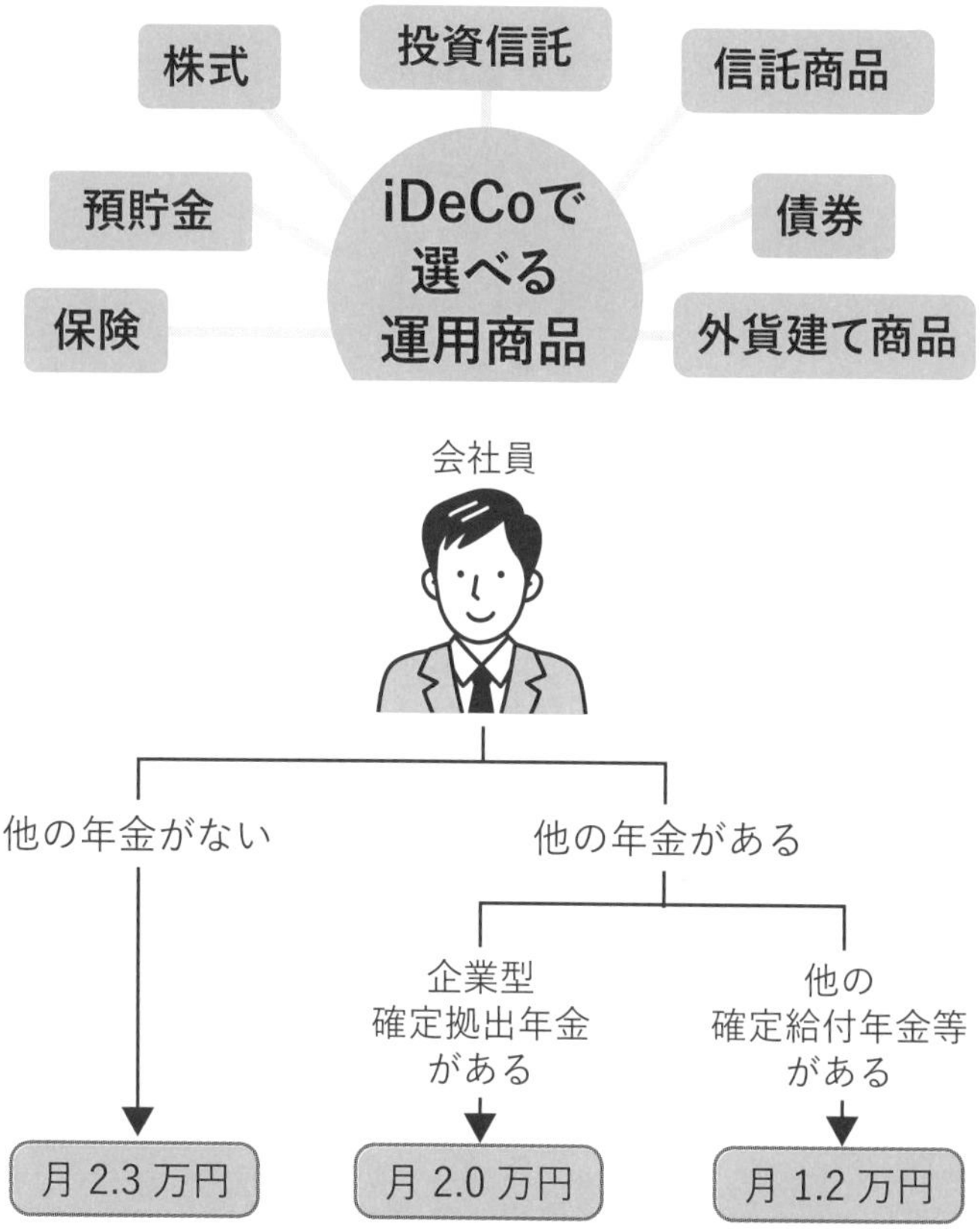

会社から配られる「保険料控除申告書」の
「小規模企業共済等掛金控除」欄に年間掛金額を記載する

受け取り時にも
「退職所得控除」「公的年金控除」が使える

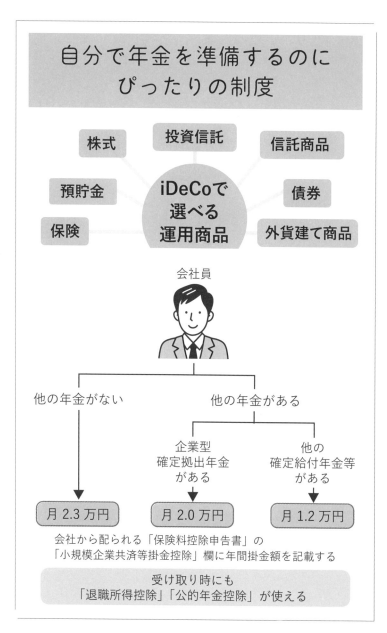

4　「配当所得」はダブルで控除できる

株式投資で得られる利益は、株の売却によって得られる譲渡益・利子・**配当金**の3つです。最後の配当金というのは、自社の株式を購入してくれた株主に対して、企業が利益の中から配当をくれるというものです。この配当金については、じつは節税しやすいのです。

配当金。最近よく聞きますね。気になります。

配当金は所得税法上「**配当所得**」に該当しますが、他の所得と異なり、税金の計算上で2段階での控除が認められているのです。「**一粒で二度おいしい**」みたいな話ですね。

へえ〜。なんだか難しそうですけど、使えるかな……

じつはこれは、処理が2段階にわたる複雑さもあって、**適用漏れが多い**んです。でもとてもお得な制度なので、できれば将来使う日まで覚えておいてください。

配当控除と源泉徴収の両方で控除できる

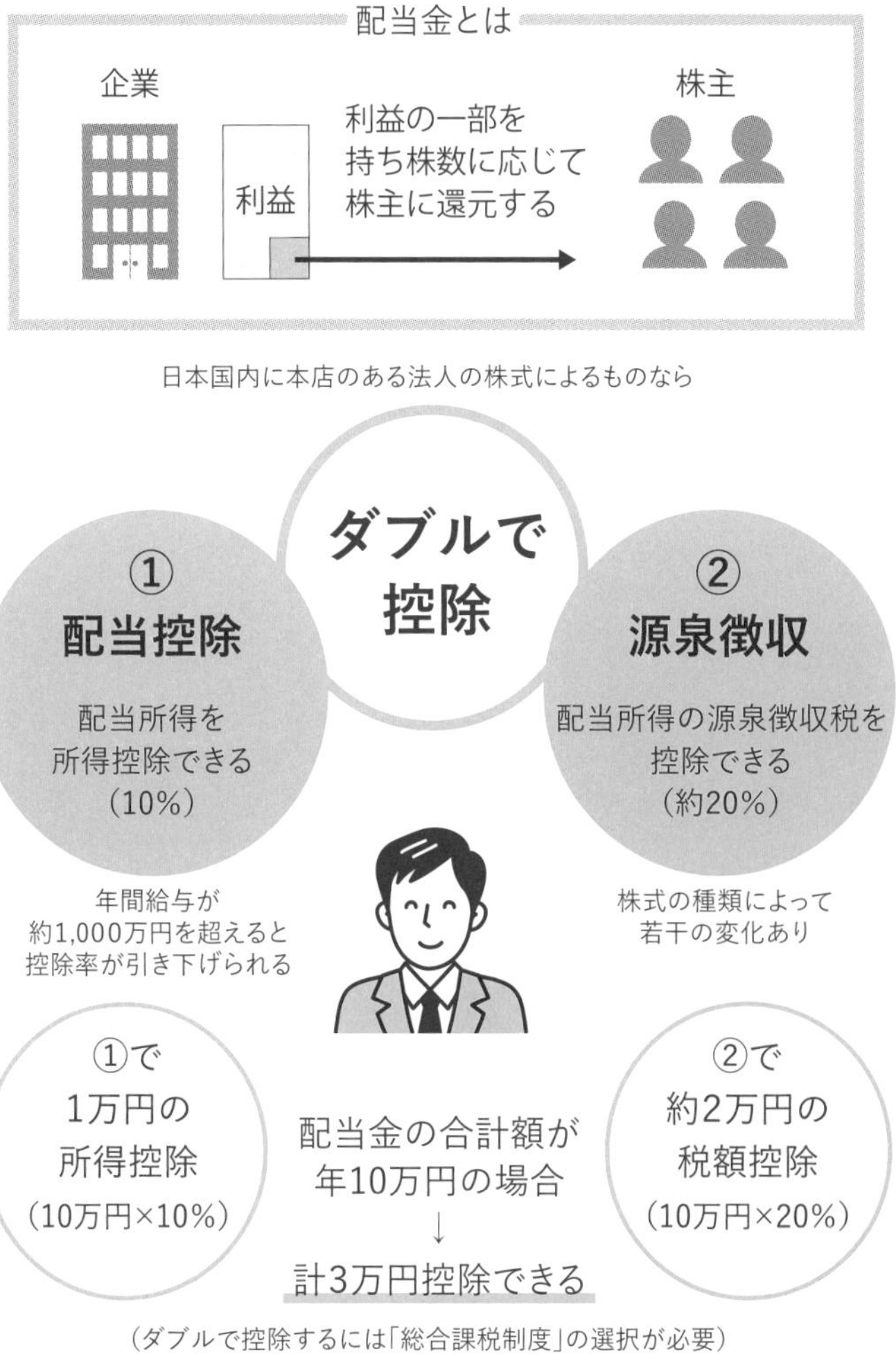
配当金とは
企業
利益
利益の一部を
持ち株数に応じて
株主に還元する
株主
日本国内に本店のある法人の株式によるものなら
ダブルで
控除
①
配当控除
配当所得を
所得控除できる
（10%）
②
源泉徴収
配当所得の源泉徴収税を
控除できる
（約20%）
年間給与が
約1,000万円を超えると
控除率が引き下げられる
株式の種類によって
若干の変化あり
①で
1万円の
所得控除
（10万円×10%）
配当金の合計額が
年10万円の場合
↓
計3万円控除できる
②で
約2万円の
税額控除
（10万円×20%）

（ダブルで控除するには「総合課税制度」の選択が必要）

5 株式投資で出た損失は3年繰越せる

さて、次はある程度運用経験のある方に利用していただきたい制度です。常に利益が出続けるといいのですが、資産運用では、残念ながら大損をすることもありえます。

その危険はよく分かります。それが怖いんですよね。

でも、損失が発生しても、救済策があります。**上場株式等の譲渡で発生した損失（株式譲渡損失）は、3年間繰越して控除することができる**のです。繰越せるのは、譲渡所得・利子所得・配当所得の3種類です。株式に関するものですね。うまく利用すれば、永遠に税金を0円にし続けることも夢ではありませんよ。

株式投資で損したら税金が減るんですか。嬉しいんだか悲しいんだか……。

いざ自分が損失を受けたときに、この制度のありがたさが分かるかもしれませんよ。そのときが来たら、確定申告をして、損失を税務署に知らせておくことをおすすめします。

損失が出た年こそ確定申告しておこう

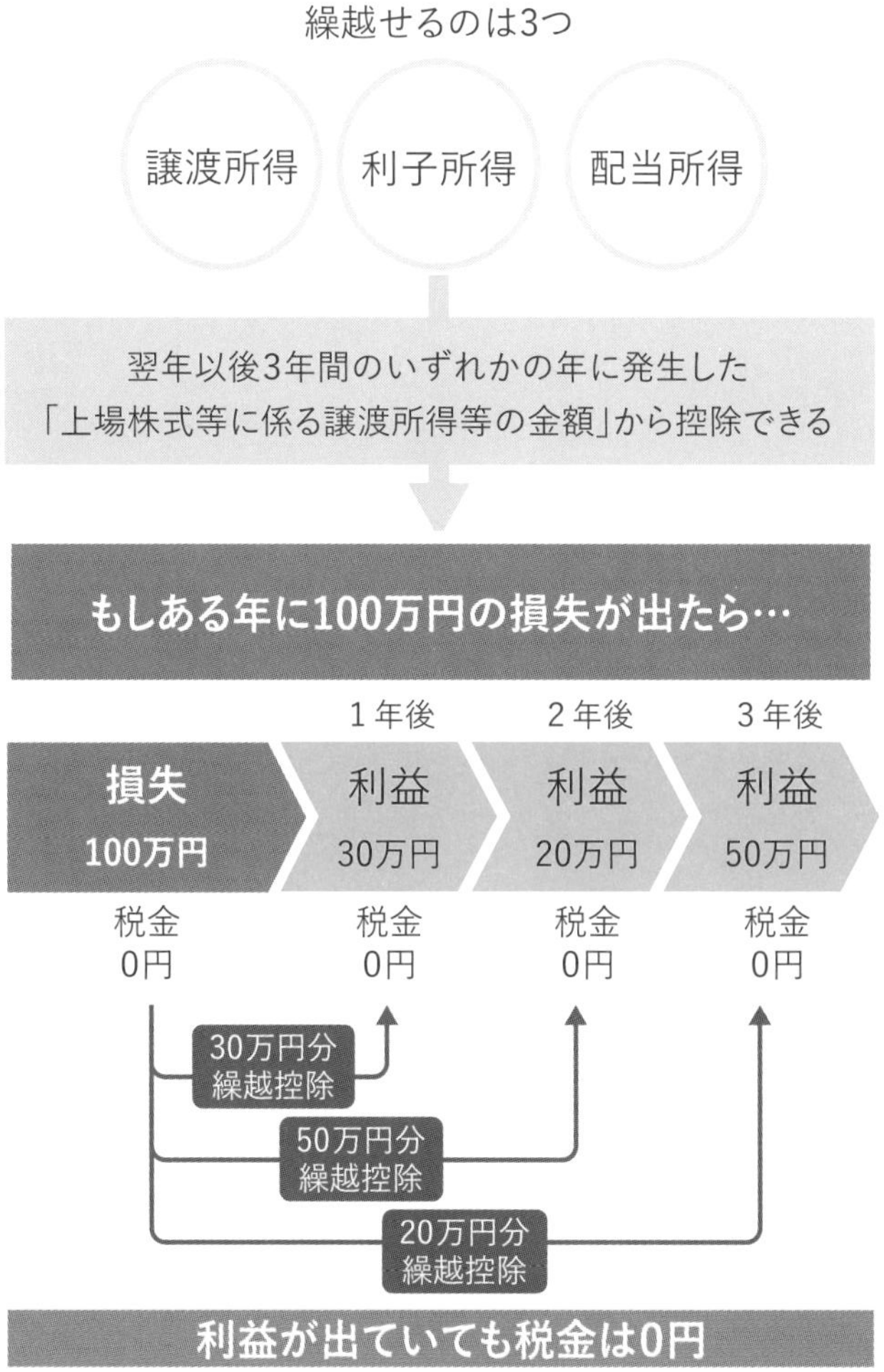
繰越せるのは3つ
譲渡所得
利子所得
配当所得
翌年以後3年間のいずれかの年に発生した
「上場株式等に係る譲渡所得等の金額」から控除できる
もしある年に100万円の損失が出たら…
1年後
2年後
3年後
損失
100万円
利益
30万円
利益
20万円
利益
50万円
税金
0円
税金
0円
税金
0円
税金
0円
30万円分
繰越控除
50万円分
繰越控除
20万円分
繰越控除
利益が出ていても税金は0円

資産運用に関する控除まとめ

2014年に「NISA」がスタートした当時は、日本中が「なにそれ？」という状態でした。それから約10年たった現在、「**貯蓄から投資へ**」というキャッチフレーズのもと、政府は本気で国民の資産運用を促進しています。そのためにできたのが、「新NISA」「iDeCo」などの制度です。

実際、インフレが加速している状況では、貯蓄をしていても実質的な価値は目減りしていってしまいます。余裕資金の範囲内で資産運用を検討する価値は十分にありそうです。

ただ、似たような制度があると、どちらを使えばいいのか悩んでしまいますよね。

初心者の方は、新NISA内の「つみたて投資枠」から始めるのが比較的安全でしょう。一番良いのは、**非課税で運用して、利益が出たらその都度節税**、新NISA以外の株式投資で損失が出てもできるだけ節税するという方法です。

新NISA

期間無制限

毎年
360万円まで

総額
1,800万円まで

iDeco

非課税で資産運用して
将来の年金を用意できる

上限額は人によって違う

原則60歳まで
お金を引き出せない

利益が出ても非課税

資産運用をするなら非課税枠で

株式投資で

利益が出たら…　　損失が出たら…

配当のダブル控除

①
配当控除

②
源泉徴収
税額控除

一粒で二度おいしい

適用漏れが多いので要注意

株式譲渡損失

3年間
繰越して控除できる

譲渡所得　配当所得
利子所得

どちらの場合も節税できる

1 副業の収入があっても確定申告をしなくてもいい場合もある

ここから少し、副業に関する話をしましょう。会社員の心境としては、「副業で収入を増やしたい、でも確定申告のわずらわしさは避けたい」というところですよね。では、会社員が副業で収入を得たときは、確定申告は必ず行わなければならないのでしょうか？

そりゃ、利益があったら必ず申告しないとまずいんじゃないんですか？

そう思われますよね。でもじつは、**「必ず」ではない**んです。会社員に関しては、所得の種類ごとに、左のようにさまざまな**申告不要規定**が設けられています。

細かいなあ……まあでも、赤字のときや、会社の方で処理してくれている場合は、申告しなくていいのは分かります。税金が発生しないか、もう支払ってるってことですもんね。

良かったです。実務的には実際の収入金額等をもとに、申告不要か否かを最終判断することになりますが、これが基本規定です。申告不要ならば、新たな税金は発生しません。

このようなケースは確定申告をしなくていい

- 銀行の預貯金などの**利子所得**は何円であっても申告不要
- 個人事業等による**事業所得**が赤字だった時※
- アルバイト代などの**給与所得**が少額で源泉徴収されている時
- 賃貸収入などの不動産業による**不動産所得**が赤字だった時※
- 生命保険の満期金などの**一時所得**の支払いと受け取りの差益が50万円以下の時
- 資産運用による**配当所得**で株式配当金が1銘柄につき年間10万円以下の時
- 公的年金などの**雑所得**で控除後の額が少額の時
- 退職金などの**退職所得**が会社の方で処理されている時

（※があるものは白色申告の場合）

2

「所得」には10種類ある

このあたりで一度「所得」というものを整理しておきましょうか。意外と種類は多くて、**10種類**に分けられます。

会社員の給料は「給与所得」ですね。それ以外にも、「退職所得」「雑所得」は、定年のときには必ず関係してきますね。

それに加えて、投資で利益が出れば「利子所得」「配当所得」、アパートの家賃収入があれば「不動産所得」、副業の業種によっては「事業所得」、生命保険が満期になったら「一時所得」……

面倒くさい！　なんでこんなに多いんですか！

税金の世界には「課税の公平」という考えがあって、それを実現するために色々工夫されてきたんです。**たくさんあることでメリットになる場合もありますよ。**

基本は「給与所得」他にも細かく分けられている

会社員の基本

給与所得

給料、賞与、パート代

利子所得

預貯金の利子・
公社債の利子など

事業所得

自営業者・
副業をしている人の収入

雑所得

公的年金など

一時所得

生命保険金・
競馬等払戻金など

退職所得

退職金

譲渡所得

土地や建物などの
売却収入

不動産所得

土地や建物の
賃貸収入

配当所得

株式配当金・
出資配当金など

山林所得

山林や立木の
譲渡収入

3 副業の所得は「事業所得」？「雑所得」？

「所得」と一口に言っても、前項で紹介したように、色々あります。会社員の収入は「給与所得」に該当します。一方、小規模であっても事業で収入を得た場合や、フリーランスとして収入を得た場合は、「事業所得」または「雑所得」のいずれかに該当します。

金額が同じなら、区分はなんでもいいのでは？

それが、どちらに該当するかによって**税額が変わる可能性がある**んです。「事業所得」には、「青色申告特別控除」など、「雑所得」にはない多くの税務上の特典があるからです。

よし、じゃあ全部事業所得にしましょう！

そう簡単だといいんですが……判断はケースバイケースで、税務署の担当官によっても判断が分かれたりします。まあ一般的には、**片手間的な副業や収入が少ない場合は「雑所得」として申告しておくのが無難**でしょうね。

給与は給与所得、事業は「事業所得」か「雑所得」

おおまかな判断の基準

片手間的な副業

↓

収入が少額

↓

雑所得

会社員の副業はおおむねこれで処理できる

副業に大きく労力や時間を割いている

↓

帳簿保存があり年間収入が約50万円を超える

↓

事業所得

青色申告をすると…
（186ページ以降参照）

↓

特典は多い

- **損益通算**　損失の分だけ利益から差し引ける
- **青色申告特別控除**　最大65万円控除できる
- **青色事業専従者給与**　控除できる給与の上限がない
- **純損失の繰越し・繰戻し**　損失を翌年以後3年間繰り越して相殺できる
- **少額減価償却資産の特例**　30万円未満の減価償却資産をまるまる計上できる

4

収入が20万円以下なら申告は不要

考えてみたら、給料以外の所得を得ることって、副業以外にけっこうあるんですよね。預金の利子とか、生命保険の満期のお金とか、あとは僕、フリマサイトでの売上もあります。それって全部申告が必要なんですか？

いいえ。本来、収入があったときは、申告をして所得税を納める必要があります。とはいえ、前の項目のような例外もある。なぜかというと、税務署側にとって「ありがた迷惑」になる場合もあるからです。税収よりも徴税コストが上回ってしまうケースです。

コスパが悪いってことですね。たしかに、申告を処理して、支払いを確認して……となると、かなり手間がかかりますしね。いくら税金といっても、数百円のためにはやりたくないですよね。

はい。なので、**20万円以下の収入については、基本的に申告不要**なのです。

20万円以下の収入は申告しなくていい

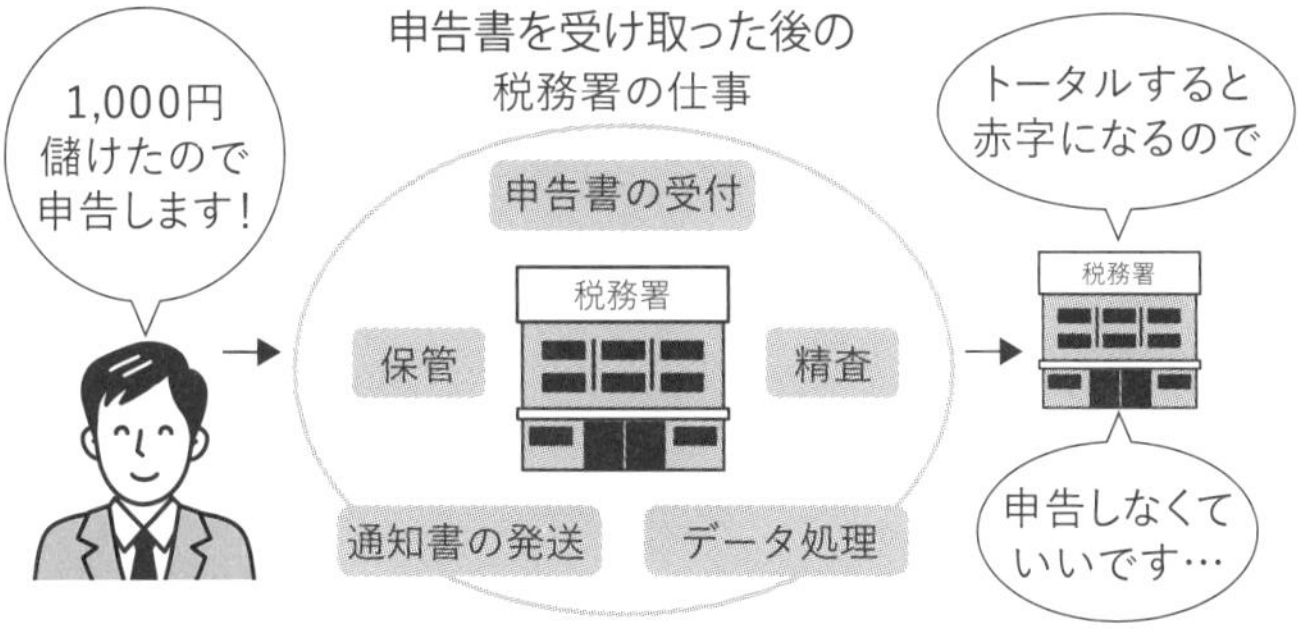

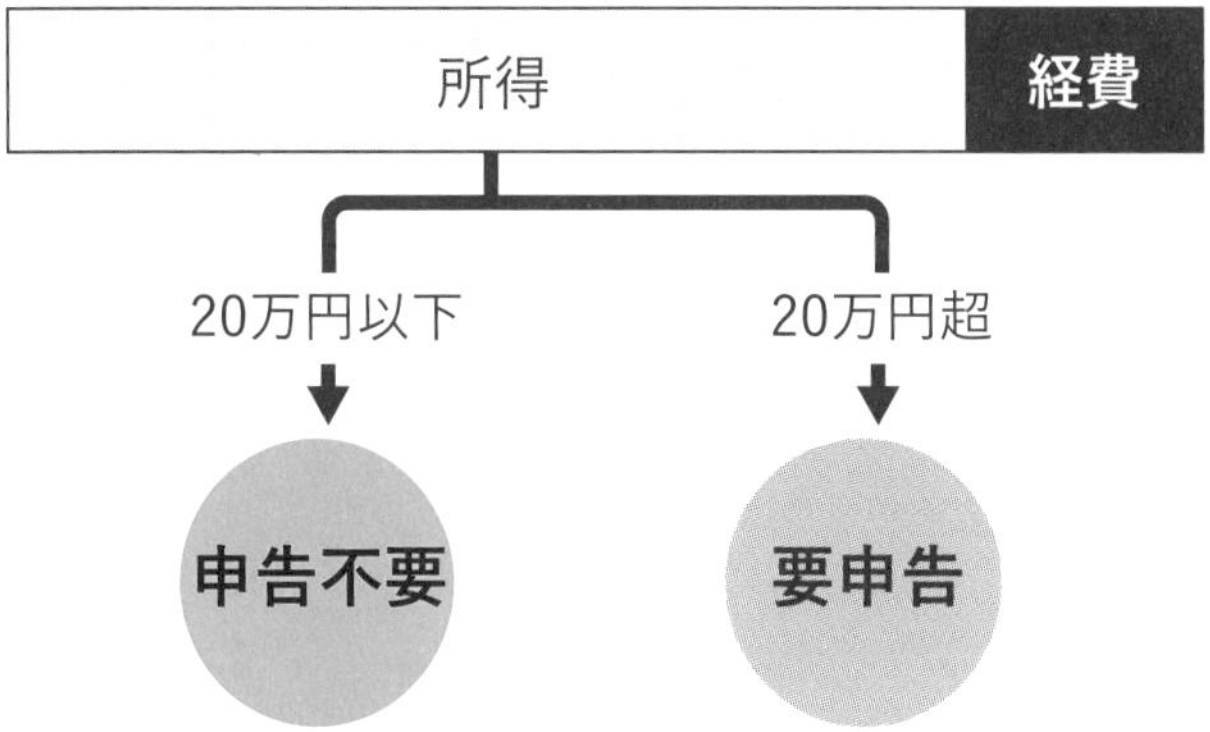

! ただし例外もあり

医療費控除を受ける時

株式配当金の源泉徴収税額を取り戻す時など

確定申告をする場合は
20万円以下の収入も申告する必要がある

5 「20万円ルール」を使って確定申告不要を目指そう

ここで、確定申告が必要な場合をおさらいしておきましょう。まず、20万円までの収入については申告不要というのは、前項で紹介しましたね。

はい。やっぱり、確定申告をしなくていいならその方がラクだから、できれば**申告不要になるパターンを目指したい**ですね。でも、副業を始めたりしたら、そうも言っていられないんじゃないですか？　あっちからもこっちからもお金をもらうと、なんとなく後ろめたいというか。痛くない腹を探られそうな気がします。

大丈夫です。副業によって2ヵ所以上から給与をもらっていても、「**源泉徴収**」がされていれば、申告しなくてもいいんです。源泉徴収ということは、すでにもう税金が引かれているということですからね（21ページ図参照）。

そうか。税金を支払った分の収入については、申告する必要はないですもんね。

可能ならメインの給与以外の収入を20万円以下にしよう

①
1カ所のみから
給与を受けている
＋
給与が源泉徴収されている

↓

各種の所得金額の合計※が
20万円以下の場合

※給与所得・退職所得を除く

↓

申告不要

②
2ヵ所以上から
給与を受けている
＋
給与が源泉徴収されている

↓

Ⓐ年末調整されなかった
給与の収入金額
＋
Ⓑ各種の所得金額の合計額※

Ⓐ＋Ⓑが20万円以下の場合

↓

申告不要

時間の調整・
わずかな金額の調整で
申告不要になるケースは
多いです

少しのことで
20万円を超えそうな
時は
工夫しましょう

6 「30万円ルール」にも注目しよう

30万円以下の所得が申告不要となる「30万円ルール」も存在します。このルールを適用できるのは、副業収入のうちの「**生活用動産の譲渡による所得**」の一部です。

生活用動産？　って何ですか？

家具や衣服、貴金属などのことです。ただし、貴金属等の価格が30万円を超えるものの譲渡による所得には課税されます。これを裏読みすれば、**30万円以下のものであれば、申告不要**ということになります。この点を活用すればいいのです。

31万円で売れそうなものも29万円で売ったほうがいい、ってことですね。ただ、収入の額ってコントロールしにくくないですか？　売上がいくらになるかは予想できないし。

確定申告は1月1日から12月31日までの収入をもとに計算されるので、たとえば不要物を売ったり副業を始めたりするのを、1月でなく12月にするという調整はできますよ。

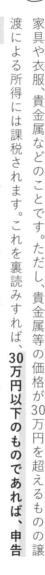

フリマアプリでの所得は30万円以下なら申告不要

生活用動産とは…
普段の日常生活で使っている物

貴金属、宝石、書画、骨とう等のうち
1個または1組の価格が30万円を超えるものの譲渡

↓

確定申告が必要

でも、少しの工夫で
確定申告が不要になるかも?

↓

ちょっと安くする

31万円で売れそうでも → 29万円で売る

分けて売る

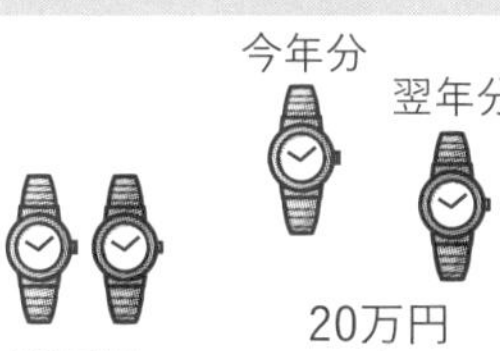

40万円 → 20万円＋20万円

7 親の死去などによる一時的な所得も「副業」で処理できる

先生、もし親が急に死んだら、僕、親が持ってる不動産を相続することになるんです。その中に、小さなアパートがあるんですよ。もし僕が大家さんになって、店子さんから家賃を受け取ったら、それって、副業になりますか？　僕が勤めてる会社は副業禁止なんです。なんだか面倒なことになりそうだから、心配なんです。

それは大丈夫です。そういう場合は、原則として副業禁止規定の対象から外れる「**容認的副業**」に該当するのです。自主的に賃貸アパートを建設する計画を立ててそれを実行し、オーナーとなったような場合とは違いますから。

良かった！　金額的にけっこう大きくなるから、心配だったんです。

不動産関連は、1軒でも動く金額が大きいですからね。突然の相続の発生は**不可抗力**ですから、配慮されます。数多い節税術の中には、このような例もあります。

不動産所得や譲渡所得はケース次第で副業になる

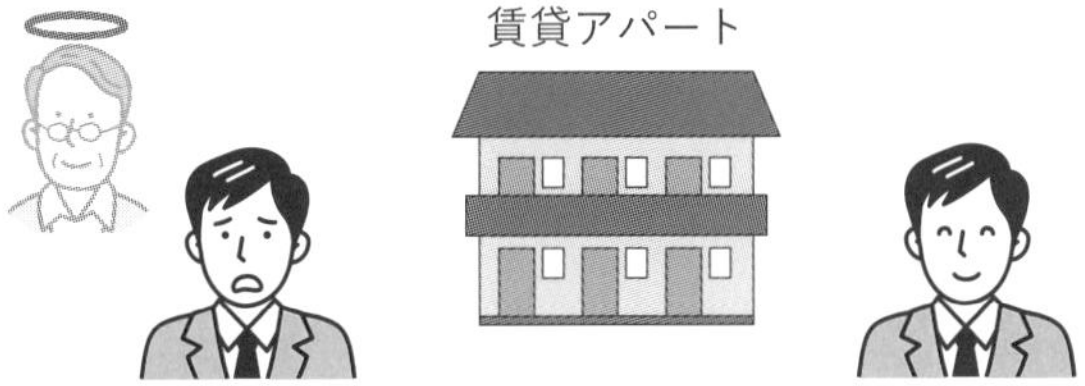

親の死亡により
不動産を相続した

- 売却によって譲渡所得を得る
  ↓
  反復継続して行う営業行為とは言えない
  ↓
  容認的副業と考えられる

- アパートのオーナーとして「不動産所得」を得る
  ↓
  反復継続して行う営業行為とは言えない
  ↓
  容認的副業と考えられる

自主的に
賃貸アパートを建設して
オーナーになる

↓

アパートのオーナーとして「不動産所得」を得る

↓

利益を得る行為を継続して行う営業行為

↓

副業禁止規定に抵触する

同じ額の所得だったとしても状況に応じて扱いが変わる

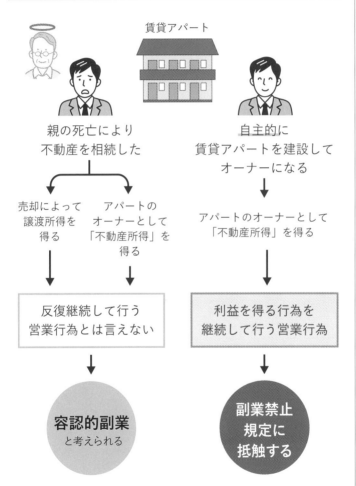

副業に関する控除まとめ

以前はサラリーマンが副業をするなど「もってのほか」で、会社員自身もなぜ副業が禁止されているのか、疑うことすらありませんでした。

しかし近年は、社会構造が大きく変わりつつあります。副業を容認する企業も増えてきました。副業に関する税金の知識は、大事になっていくでしょう。

副業による収入を問題なく処理するためには、まず所得の種類を把握しましょう。自分が手にしたお金がどの所得に該当するかを確認して、節税できそうなところは逃さず活用することから始めましょう。

そして、申告が不要になる20万円以下を目指しましょう。収入が20万円以上になる場合は、今度は貴金属の譲渡等で30万円以下にできるか検討してみてください。

収入が30万円以上になる場合は、もはや立派な事業に成長したということかもしれません。6章を読んでいただき、確定申告に臨んでください。

所得は10種類

会社員の給与 → **給与所得**

給与以外の副業 → **雑所得**　**事業所得**　通常どちらか

他の所得	退職所得	利子所得	譲渡所得
不動産所得	一時所得	山林所得	配当所得

20万円ルール

20万円以下の収入 →

2カ所以上から給与を受けている+
源泉徴収されている+
メインの給与以外の収入が20万円以下 →

基本的に
申告不要
税金は発生しない

30万円ルール

生活用動産の譲渡による副業所得 →

基本的に
申告不要
税金は発生しない

1月1日～12月31日の収入を調整しよう

[コラム]

副業が会社にバレないようにするには？

就業規則に副業禁止規定がある場合、その会社で働いている限り、副業はできません。

ですが現実的には、会社に内緒で副業をしている会社員はいくらでもいます。収入が小さいうちは滅多に会社にバレないでしょうが、収入が膨らんでくると、そのうち会社にバレてしまいます。

なぜバレるのかというと、住民税の「特別徴収制度」のせいです。副業による所得が増えると、その分住民税も増えます。その増えた分の住民税も会社の給与から天引きされるため、住民税の額が給与にそぐわないほど高くなってしまい、不審に思われるのです。

しかしこれは、対策ができます。「確定申告書・第二表・住民税」の欄で「住民税徴収方法の選択」を、「特別徴収」ではなく「自分で納付」を選択すればＯＫです。自分で納税する手間は増えますが、会社に副業を知られる可能性はグッと低くなります。

6章 税金を安くするための手続き・確定申告

1 会社員が確定申告をするメリットはなに？

節税の具体的な方法はだいたい分かりました。で、年末調整以外の手続きとしては、やっぱり、**確定申告**……なんですか？

そうですね。基本的に、所得が増えると増税、逆に**控除を増やすとすれば節税**となります。増税の場合、申告は強制なのですが、**節税の場合はまったく任意**です。自主的に確定申告をすれば節税されますが、しなければ税額はそのままです。ですので、節税のためには、会社員も税金について最低限の知識を持っていた方がいいでしょうね。

たしかに、税務署が「節税できるよ」なんて親切に教えてくれないですよね。でも申告したら、当初の目標の「手取りを増やす」が実現できますね！　ここまで教えてもらった色々な方法を使って、頑張ります！

お手伝いいたします！

会社員の増税は強制、節税は任意

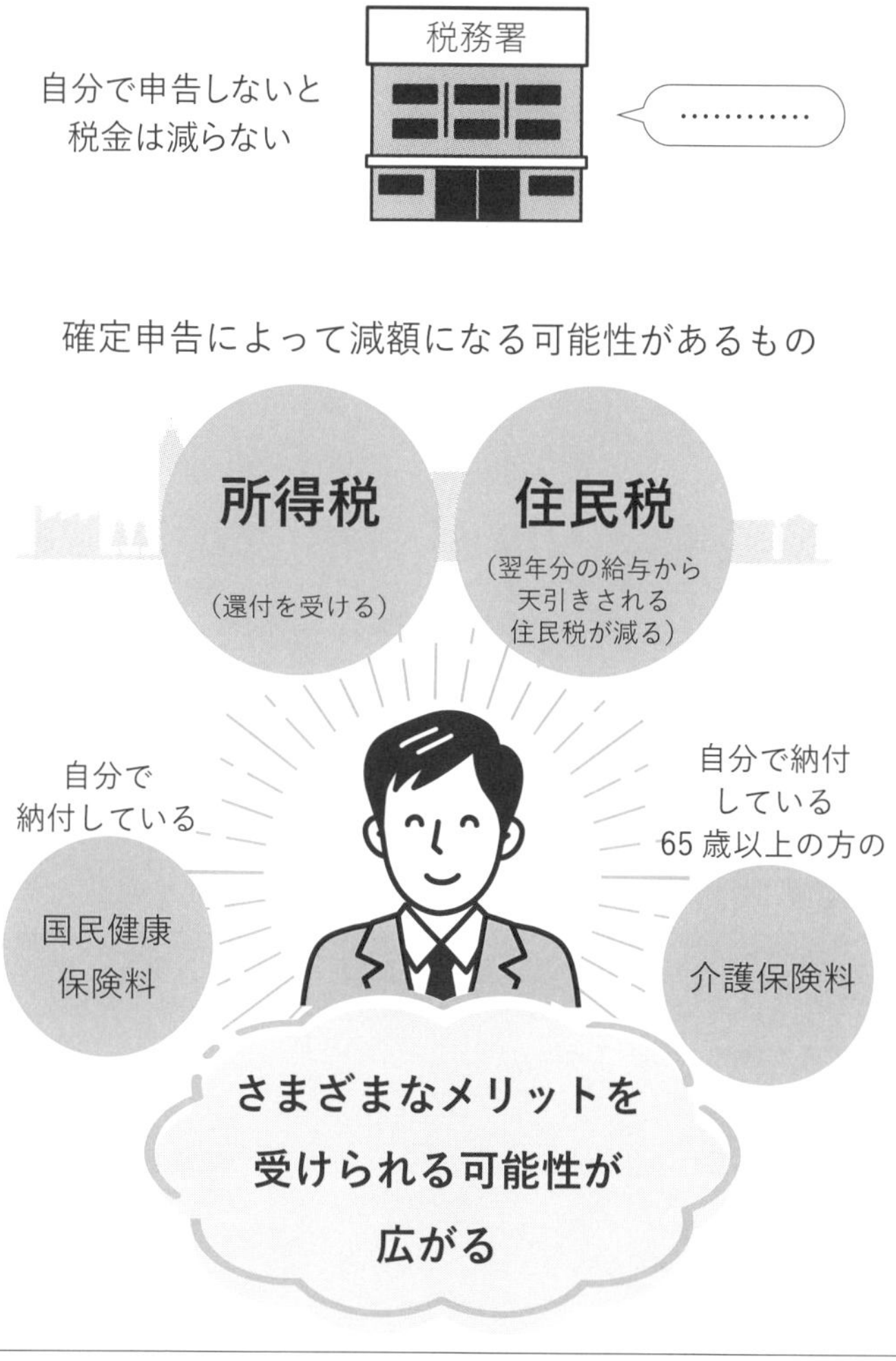
税務署
自分で申告しないと税金は減らない
…………
確定申告によって減額になる可能性があるもの
所得税
（還付を受ける）
住民税
（翌年分の給与から天引きされる住民税が減る）
自分で納付している
国民健康保険料
自分で納付している65歳以上の方の
介護保険料
さまざまなメリットを受けられる可能性が広がる

2 どんなときに確定申告をする？

日本には、「確定申告を必ずしなければならない」という人もいます。

会社員でないフリーランスの人とか、副業で成功してる会社員とかですね。

そうですね。あとは、年収が2000万円以上の会社員などですね。これらの人は、確定申告は義務です。必ずしなければなりません。

年収2000万円か。縁のない話だな……でも、医療費が10万円を超えたり、住宅ローンを組んだりは、けっこうな数の会社員が該当しそうですね。**毎年でなくても、何かあった年は確定申告をした方がいい**んですね。

その通りです。注意が必要なのは、確定申告をするときは「20万円ルール」（168ページ参照）で**申告不要になった各種所得も含めて申告しなければいけない**点です。その分は税金が増えてしまいますが、それでも、申告をした方が得になることが多いです。

確定申告で得をする人は じつは多い

必ず確定申告をしなければいけない人

給与年収が**2,000万円**を超える人

給与以外の副業所得が**年間20万円**を超える人

2ヵ所以上から**給料**を受け取っている
＋
メインの給与以外が**年間20万円**を超える人

不動産収入や株取引での所得がある人

所得税の猶予を受けている人

など

確定申告をすると得をする人

住宅ローンを組んだ人

医療費が**10万円**を超えた人

副業で**赤字**が出ている人

副業の給与を源泉徴収されている人

年の途中で退職して年末調整をしていない人

6ヵ所以上に寄附やふるさと納税をした人

など

3 代表的な節税アイテムは「所得控除」と「税額控除」の2つ

会社員の節税に使える代表的なアイテムとしては、2種類のものがあります。ひとつは「**所得**控除」で、もうひとつが「**税額**控除」です。

似たような名前ですけど、どう違うんですか？

たしかに名称は似ていますが、節税効果には大きな開きがあるんです。「所得控除」よりも**「税額控除」の方が絶対的に大きな節税効果を得られます**。「税額控除」は、税率を乗じた後の税額から直接差し引けるので、結果として手取りの大幅アップになるんです。

本当だ。最終的な税金の額がぜんぜん違いますね。でも、医療費控除とか生命保険料控除とか、使えそうな控除は「所得控除」が多い！　ぜんぶ「税額控除」ならいいのに……

ぜんぶ「税額控除」になったら、多くの人が税金0円になるでしょうね。まあ、「税額控除」が使えるラッキーなときは、忘れずに最優先して使うことを検討すると良いでしょう。

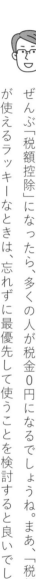

節税効果は
税額控除が圧倒的に高い

20万円の控除ができる

この場合
どうなる？
（所得税率20%のケース）

所得控除

20万円×20%
↓
4万円の控除

5倍の開き

税額控除

金額そのまま
↓
20万円の控除

所得控除になるもの

- 基礎控除
- 配偶者控除
- 配偶者特別控除
- 扶養控除
- 障害者控除
- 寡婦控除
- ひとり親控除
- 勤労学生控除
- 生命保険料控除
- 地震保険料控除
- 社会保険料控除
- 医療費控除
- 雑損控除
- 寄附金控除
- 小規模企業共済等掛金控除　など

税額控除になるもの

- 住宅借入金等特別控除
- 住宅特定改修特別税額控除
- 配当控除
- 外国税額控除
- 特定の寄附金の税額控除
- 機械などを取得した場合はの特別控除など

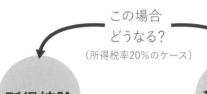

4 会社員の節税スケジュールは3段構え

会社員の節税スケジュールは、3段構えとなっています。まず①の**年末調整**で、これだけで済む方も多いです。ただ、ここで控除を受け忘れたり、年末調整だけでは引ききれないものもあるので、そんなときは②の**確定申告**を行います。

僕も今までは年末調整しかしてこなかったですけど、今年は確定申告してみます。期間に間に合うようにレシートを整理できるか、ちょっと心配ですけど……。

ぜひチャレンジしてみてください。あと、どうしても確定申告の期間に間に合わなかったときも、原則として救済策があります。確定申告の期限後に「**期限後申告**」を提出することで控除を受けることも認められているんです。ですから、3月15日を過ぎたからといって絶望することはないんですよ。

おお、けっこう手厚いですね。僕、ケアレスミスが多いタイプだから、助かります。

手厚い構えを利用して節税しよう

1段目
年末調整
～12/31

勤務先の企業が行ってくれる

基礎控除
扶養控除
生命保険料控除
など

所得控除　税額控除

2段目
確定申告
～翌年3/15

自分で、所轄の税務署へ提出

医療費控除
寄附金控除
など

所得控除　税額控除

3段目
期限後申告
翌年3/16以降

自分で、所轄の税務署へ提出

確定申告を
忘れたとき
など

所得控除　税額控除

遅れた分、延滞税等がかかるケースもある

ミックスタイプもある

住宅借入金等特別控除

初年度は確定申告　2年目以降は年末調整

「家を買った年は確定申告しろ」というのはこれ

5 白色申告と青色申告、どっちがいい？

先生、確定申告書が2種類あります。どっちを使うんですか？　できれば簡単な方がいいんですけど。

「**白色**」と「**青色**」ですね、迷いますよね。これは事業内容や利益の度合い、申告者の性格などが影響するのでケースバイケースなんですが、簡単なのがいいのなら白色ですね。青色は書類が多く、ちょっと手間がかかります。そのかわり、税金を減らせるのですが。

えっ、青色の方が税金が減るんですか？　だったらすぐ青色で始めてもいいかも!?

残念ながら、急には無理なんです。青色申告をするときは、青色を選択する年の3月15日まで（または副業開始から2ヵ月以内）に、管轄の税務署に「**青色申告承認申請書**」を提出しておく必要があるので。青色は色々準備が必要なんです。

そうなんですね……じゃあ今年は白色で！　青色は次の楽しみにとっておきます。

白色はラク
青色は面倒だけど特典が多い

申告方法は2つ

白色申告		青色申告
申請手続の面では何もする必要はない **原則は白色申告**		「青色申告承認申請書」を提出して始める ↓ 青色が利用できるのは以下の副業 ・事業所得 ・不動産所得 ・山林所得
手間がかからない	メリット	**税金を減らせる**
あまり所得を減らせない	デメリット	申請手続きが繁雑 記帳処理が繁雑
0円	青色申告特別控除額	10万～65万円 （193ページ参照）

6 申告の手間は白色も青色もあまり変わらない

それで、白色申告って、具体的には何をすればいいんですか？

基本は、「**確定申告書**」と、もうひとつ「収支内訳書」を、税務署に提出することです。ちなみに、青色申告の場合は「確定申告書」「青色申告決算書」の2つです。

書類を2種類か。やっぱり、なかなか大変そうですね。

まあ手間はかかるかもしれませんが、申告書自体の難易度はさほど高くありません。自分が該当する部分だけ記入すればよくて、**空欄をすべて埋める必要はありません**から。

あ、そうなんですか？　全部書かなきゃと思ってたけど。それなら僕にもできるかも。

できます！　そして、白色の「収支内訳書」と「青色申告決算書」のフォーマットは似ていて、手間はあまり変わらないので、みなさん「青色申告にしよう」となるわけです。

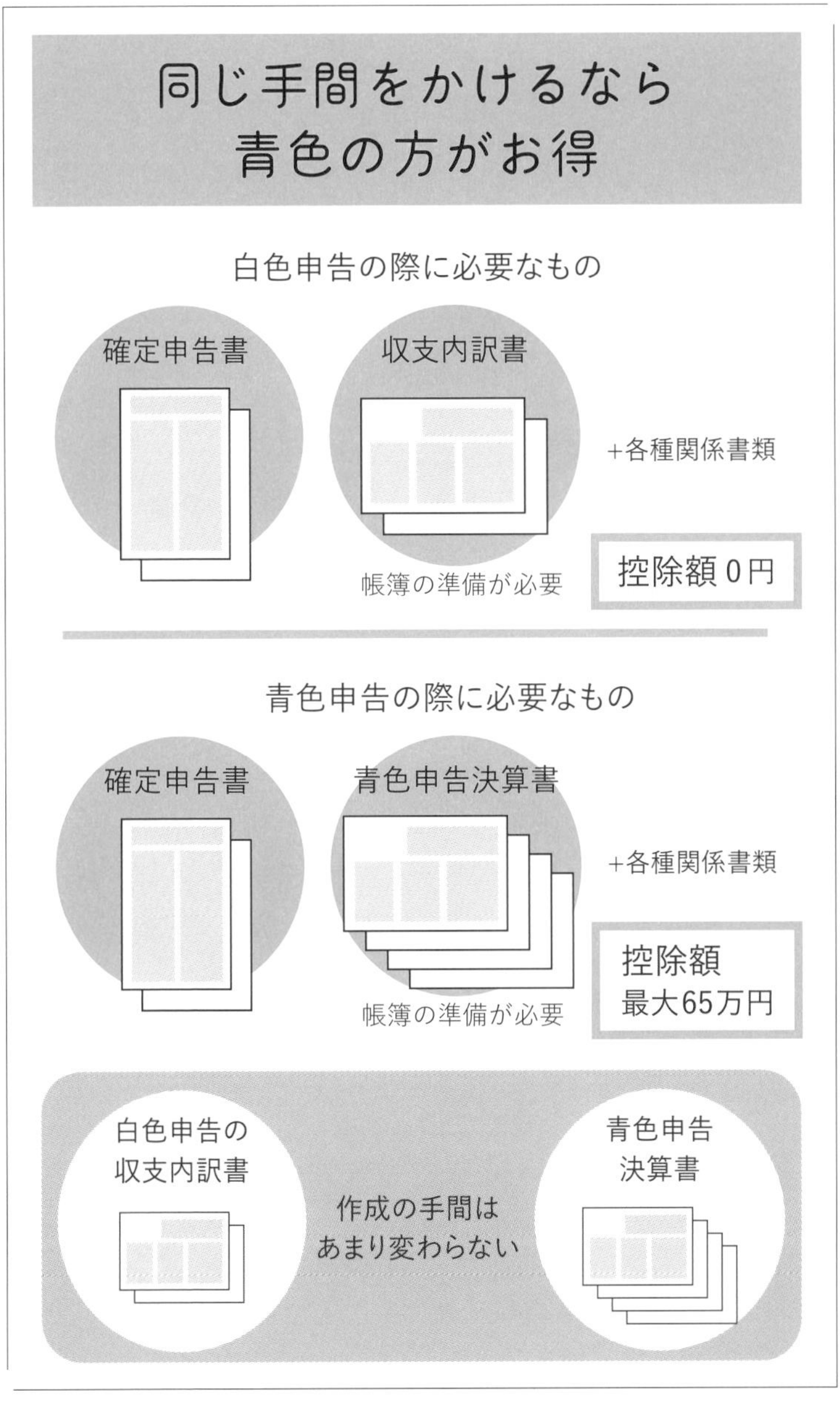
同じ手間をかけるなら
青色の方がお得
白色申告の際に必要なもの
確定申告書
収支内訳書
+各種関係書類
帳簿の準備が必要
控除額0円
青色申告の際に必要なもの
確定申告書
青色申告決算書
+各種関係書類
帳簿の準備が必要
控除額
最大65万円
白色申告の
収支内訳書
作成の手間は
あまり変わらない
青色申告
決算書

確定申告書・どのあたりに何を書く?

青色・白色ともにこの書類は提出する必要あり

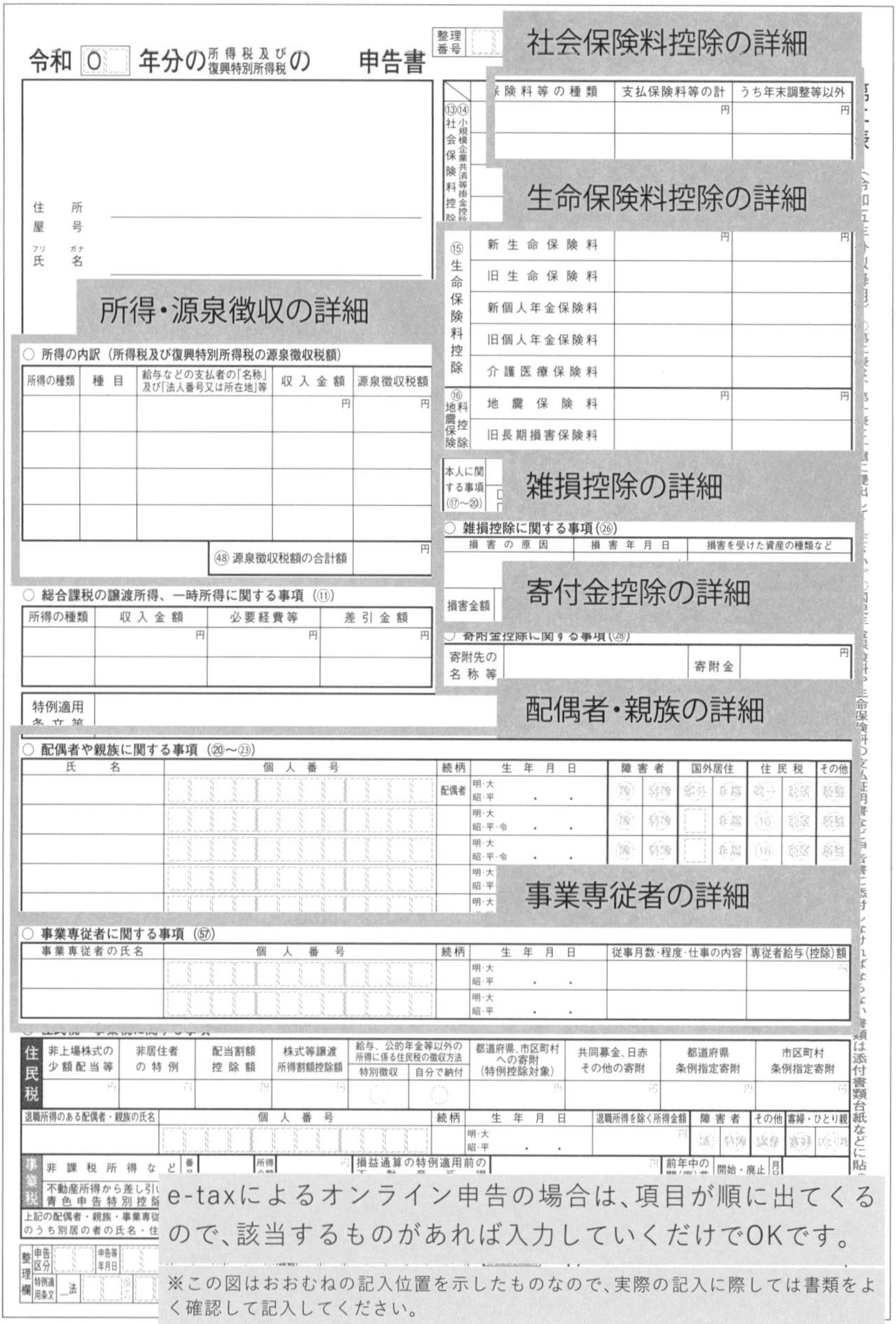

e-taxによるオンライン申告の場合は、項目が順に出てくるので、該当するものがあれば入力していくだけでOKです。

※この図はおおむねの記入位置を示したものなので、実際の記入に際しては書類をよく確認して記入してください。

令和 0 年分の所得税及び復興特別所得税の申告書
第一表（令和五年分以降用）
仕事・副業などによる収入
仕事・副業などによる所得
2・3章で紹介した控除
配当控除
住宅関連の控除・寄附控除
災害関連の減免
外国関連の控除
青色申告関連の控除
副業などの所得から
源泉徴収されている場合は
ここを記入

1 副業で青色申告①

青色で130万円控除をゲットしよう

青色を選んだときのメリットを教えてもらえますか？　やる気が出そうなので。

もちろん！　青色申告の節税アイテムのトップバッターは「**青色申告特別控除**」です。所得税の控除額は「65万円」「55万円」「10万円」の3段階に分かれます。どうせなら最高額を狙いたいものですが、そのためには、左の4つの要件を満たす必要があります。

うう、やっぱり難しそう……。

まあ、実際は「やよい」「freee」などの会計・確定申告用のアプリを使う必要があるでしょうね。でもトライする価値はあります。所得税65万円と住民税65万円で、**合計130万円分もの控除を受けられる**のですから。ちなみに、アプリには無料お試し期間もありますよ。

アプリの名前は聞いたことがあります。お試しだけでも触ってみようかな。

青色申告のパワーで
最大130万円の控除！

確定申告で控除を受けるための**4つの要件**

1

不動産所得や
事業所得を生ずべき
事業を営んでいる

2

正規の簿記の原則
（一般的には複式簿記）
により取引を記帳している

3

２に基づき作成した
貸借対照表と
損益計算書を添付し
期限内に申告している

4

電子申告または
電磁的記録の
備え付けおよび
保存を行っている

所得の控除額

白色申告	青色申告		
	①～③を満たす場合	①～④を満たす場合	上記を満たさない場合
0円	55万円	65万円	10万円

所得税分＋住民税分＝ **130万円** の控除が可能

2

副業で青色申告②
家族に給料を払うと所得をカットできる

青色申告による節税アイテムのセカンドバッターは、この「**青色事業専従者給与**」です。これは家族（青色事業専従者）に給料を支払うことにして、その分だけ利益を減少させることができる、画期的な制度です。

家族ぐるみで、チームで節税するってことですね。楽しそう。でも、それだけお得ってことは、やっぱりシビアな条件があるんですよね？

「青色事業専従者給与」を利用するには、左の4つの要件を満たす必要があります。注意点は、いったん青色事業専従者として届け出て、**わずかでも給与を支払った以上は、控除対象配偶者や扶養親族とすることはできません**。

えっ、じゃあ家族を「専従者」にするのか、扶養家族にするのか、どっちが得なのか、あらかじめちゃんと考える必要がありますね。気をつけよう……。

従業員か扶養家族か？お得な方を利用できる

「青色事業専従者給与」を利用するための要件

1

所轄の税務署に「青色事業専従者給与に関する届出書」を提出している

2

対象の家族が生計を一にする配偶者その他の親族である

3

対象の家族の年齢が15歳以上

4

対象の家族がその副業にもっぱら従事すること

青色事業の事業主

青色事業専従者

副業で利益が年間100万円出た！

▼

配偶者に給料を100万円払う

▼

副業の利益は「0円」になる！

▼

ただし

控除対象配偶者・扶養親族 ／ **青色事業専従者**

使えるのはどちらか一方のみ

3 副業で青色申告③

家事関連の費用も経費にできる

自宅の中で副業を行うような場合は、「**家事関連費**」を経費にして節税することも可能です。具体的には、賃借料や修繕費、固定資産税、損害保険料、電気代、水道代、ガス代などです。これは原則として、青色申告の場合にのみ利用可能な節税アイテムになります。

それって、つまり光熱費もOKってことですか？　そんなことできるんだ。生活費を経費として副業収入から差し引けるなら、すごくおいしいですね！

なお、家事関連費を経費にするには、「**按分**《あんぶん》」という作業が必要になります。支払った費用のうち、「副業のために使用した部分」を抽出する作業です。それから、税務署に質問されたときにつじつまの合った説明ができるように、家の図面や水道光熱費の通知書などの**証拠資料を保管しておく**必要があります。

ああ〜、やっぱり簡単ではないですね〜。でも使えればすごくお得ですね。

按分すれば
自宅の光熱費等も控除できる

自宅の賃借料

電気代
水道代
ガス代

固定資産税

修繕費

経費にできるかも?

損害保険料

自宅マンション
賃借料 10 万円

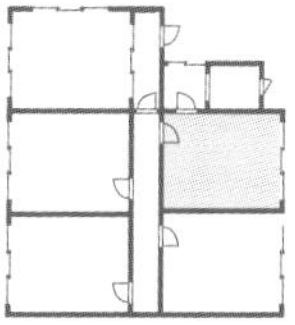

部屋数 5
（全て同じサイズ）

1 室を副業専用に使用

↓

（10 万円 ÷ 5 室 × 1 室）

月額 2 万円

賃借料年額24万円 経費として控除できる

経費科目の種類ごとに
面積や使用時間数・コンセント数の割合など
合理的と考えられる基準を独自に設定

＋

証拠資料を保管しておく

サーバの
電気代が大きい

在庫が部屋に
たくさんある

4 副業で青色申告④
赤字を繰越せる

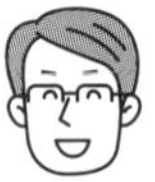

副業が黒字になったら、当然ながら所得税を払う必要があります。ですが、青色申告なら、黒字の年も税金をゼロにできるかもしれません。青色申告には、損失を翌年以後3年間にわたって繰越して控除できる「**純損失の繰越控除**」制度がありますから。

へえ、じゃあ、うまくやれば4年間は所得税を払わなくてもいいってことですか？

可能性としては充分ありえますね。

ということは、たとえ副業がうまくいかなかったとしても、ちょっとだけ救いがあるってことですね。

ちなみにもう一つ、「**純損失の繰戻還付**」という制度もありまして、これは副業で損失が生じた場合に、その前年に繰戻して前年分の所得税の還付を受けられる制度です。「純損失の繰越控除」との併用はできないので、どちらが良いのか検討するといいでしょう。

黒字の年も税金を払わなくていいかも？

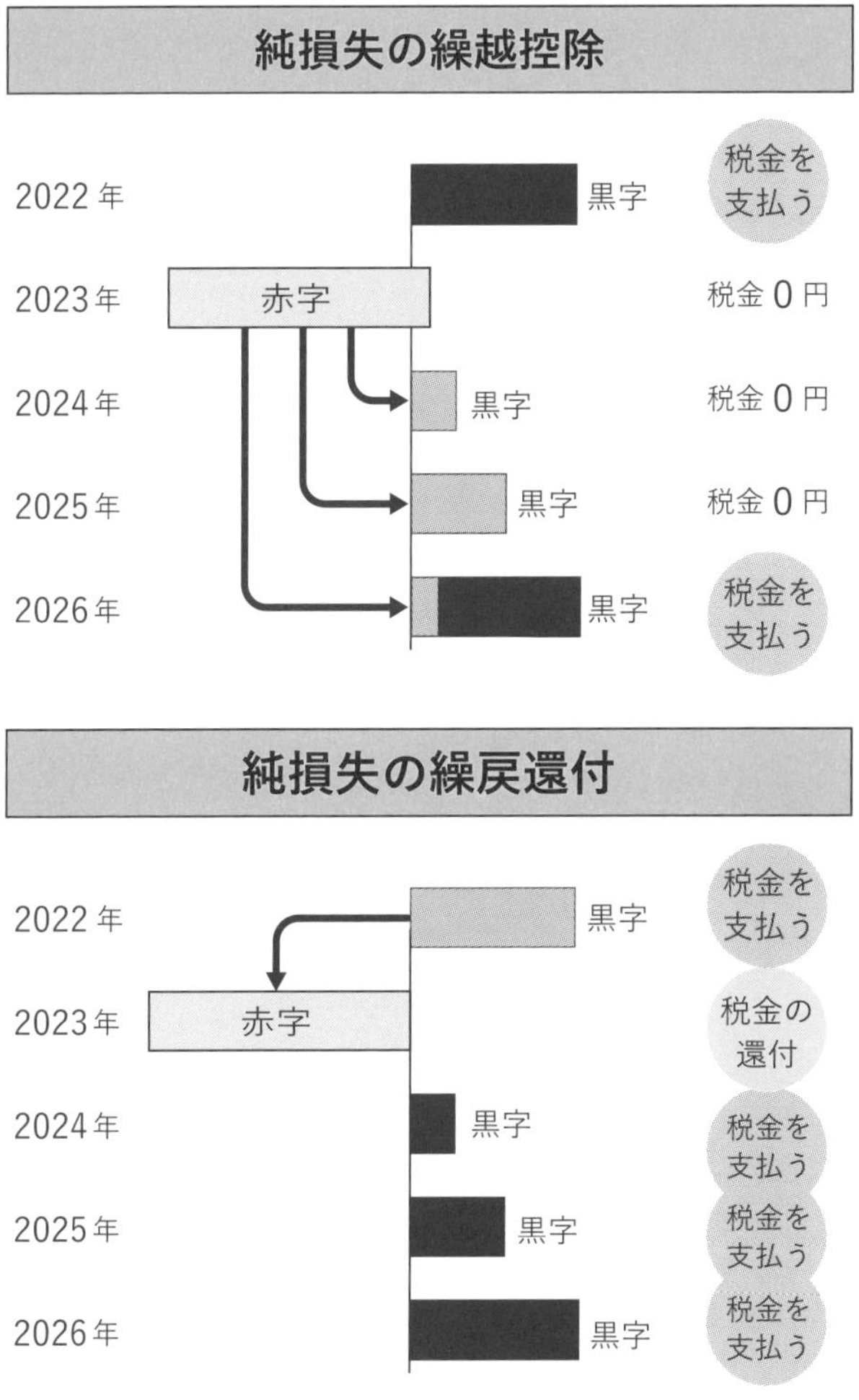

5 副業で青色申告⑤

「損益通算」という裏技をマスターしよう

会社員を含む個人の所得には10種類あることは162ページで紹介しましたね。これらの中には、赤字となり得るものもあります。そのマイナスの所得をその他のプラスの所得から差し引き、全体としての税金を減らす手続きを「**損益通算**」といいます。

所得どうしで差し引きできるってことですね。

はい。副業で損益通算を使える可能性があるのは、「事業所得」「不動産所得」です。たとえば、400万円の給与所得がある会社員が、副業で始めたネットビジネスで100万円赤字になってしまったとします。この場合、確定申告をすれば、会社員としての所得の100万円に対応する分の**税金が還付される**ことになるのです。

会社員は一応毎月給料がもらえるわけだから、**副業での赤字イコール節税**ってことになりやすそうですね。

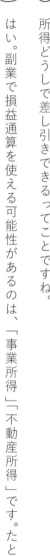

副業の赤字と給料を通算すると税金が戻ってくる

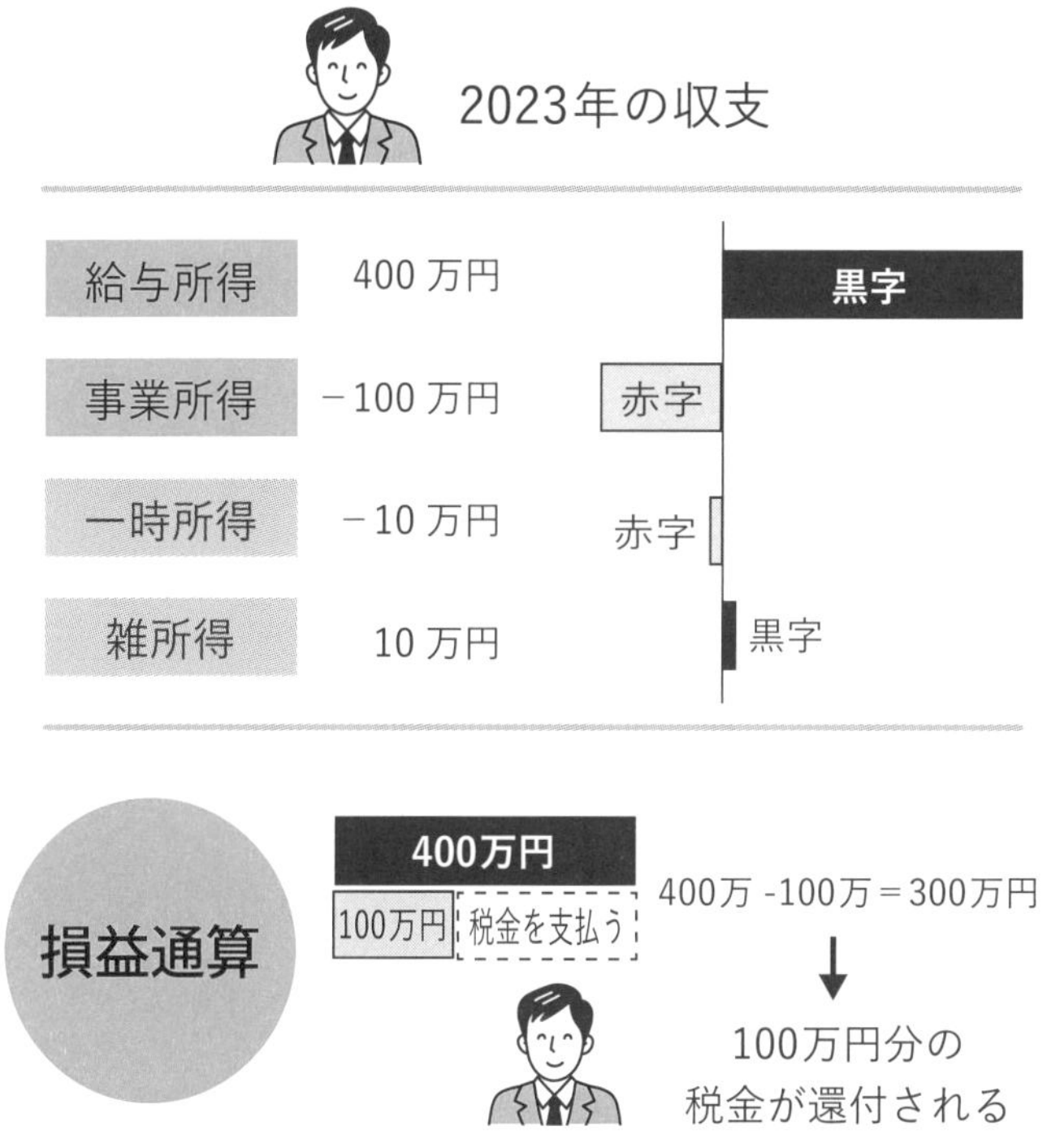

[損益通算できる]
不動産所得
事業所得
譲渡所得
山林所得

[損益通算できない]
一時所得
雑所得

確定申告まとめ

節税のゴールは、確定申告です。

ここまで紹介してきた各種の控除も、**申告しなければ税金が安くなることはありません**。確定申告はゴールであり、該当者にとっては必須事項であるとも言えます。

近年ではe-taxによるオンライン申告が主流になってきました。24時間いつでも自宅でできる上に、入力ミスも防げるしくみになっているので、190〜191ページのような書類を税務署に出向いて提出していた時代よりも格段に簡単になっています。ぜひチャレンジしてみてください。

申告には「白色」と「青色」がありますが、おすすめはやはり青色です。手間はかかりますが、その分メリットは大きいです。

とはいえ、いきなり青色はハードルが高いので、白色で申告に慣れてから青色に移行するのも良いでしょう。

確定申告をすると

翌年の
手取りが増える！

所得税が戻ってくる

節税アイテム

家族の分も合算できる

所得控除

- 色々な人的控除
- 保険料控除
- 医療費控除など

控除額が大きい

税額控除

- 住宅ローン控除
- 配当控除
- 特定の寄付金控除など

白色申告

申告の基本

手間は青色とそれほど
変わらないのに
控除額は大きくない

青色申告

控除額が大きい
控除の方法も多い

青色申告特別控除・青色事業専従者給与・家事関連費・純損失の繰越控除・純損失の繰戻しなど

最後までお読みいただきありがとうございました。

「節税は最高の知的ゲーム」と称されたりします。この本の内容で、一つでもあなたに合った節税アイテムが見つかれば、まずは収穫ありですね。そのアイテムを実践することで自由になるマネーが増えれば、ご家族にご馳走したりプレゼントを渡したりして、皆の喜ぶ顔が見られるかもしれません。

さらに大きな額の節税が成功したならば、車買い替えの頭金や住宅購入資金の一部にも使えるかもしれませんね。

本文では読者の皆様が効率的な節税が可能になるよう、利用頻度や金額的に重要性の高い節税アイテムを中心に紹介しております。

著者あとがき

また、活字を読む苦痛を少しでも軽減できるように、左右見開きページの左半分はイラスト中心で構成しており、難解な税法をイメージでやさしくご理解いただけるようアイディアを盛り込みました。

本書を読まれたことで、皆様の節税に関する知識や能力いわゆる「節税リテラシー」は、読む前に比べて格段にスキルアップしているに違いありません。

今後、獲得した節税リテラシーを有効に活用できるか否かは、ひとえに皆様の腕にかかっています。節税で得られたマネーがあなた自身、あるいはご家族とともに豊かな生活を満喫するための一助となりえましたならば幸甚です。

中　正樹

重要キーワードさくいん

【著者紹介】中 正樹（なか・まさき）

総合会計事務所　中会計　代表。税理士・社会保険労務士・中小企業診断士・ファイナンシャルプランナー（日本FP協会AFP）。石川県金沢市出身。1985年大阪府立大学経済学部経営学科卒業（現:大阪公立大学）。

トータルで約30年間、税理士・社会保険労務士・中小企業診断士・ファイナンシャルプランナーの業務に従事。他の保有資格等としては、宅地建物取引士（有資格者）。

これらの資格を相乗的に活用することにより、顧客の税金や社会保険料などの無駄払いを排除し、延べ１万件を超える世帯の節税等に貢献している。

著書に『知らないと損をする配偶者控除』（秀和システム）、『理想の相続は遺言と信託の２つで実現できる』（彩図社）、『シニアのなっとく家計学』（水曜社）、『起業・法人化を考えた時に読む本』（彩図社）ほか。


税理士の中先生！

会社員が手取りを増やす方法を教えてください

2023年11月20日第一刷

著　者　中 正樹
発行人　山田有司
発行所　〒170-0005
株式会社　彩図社
東京都豊島区南大塚 3-24-4
MT ビル
TEL：03-5985-8213　FAX：03-5985-8224
イラスト　うさぎや
印刷所　シナノ印刷株式会社
URL　https://www.saiz.co.jp　https://twitter.com/saiz_sha

ISBN978-4-8013-0660-8 C0033
落丁・乱丁本は小社宛にお送りください。送料小社負担にて、お取り替えいたします。
定価はカバーに表示してあります。